The Blood Covenant

by E. W. KENYON

The Blood Covenant
by E.W. KENYON

ⓒ 1999
KENYON'S GOSPEL PUBLISHING SOCIETY, INC.
Printed in U.S.A.

2015 / Korean by Word of Faith Company, Korea.
Translated and published by permission
Printed in Korea.

피의 언약

발행일 2015. 5. 15 1판 1쇄 발행
　　　　2025. 3. 17 1판 3쇄 발행

지은이　E. W. 케년
옮긴이　노경아
발행인　최순애
발행처　믿음의 말씀사
2000. 8. 14 등록 제 68호
(우) 16934 경기도 용인시 기흥구 신정로 301번길 59
Tel. 031) 8005-5483　Fax. 031) 8005-5485
http://faithbook.kr

ISBN 89-94901-61-2 03230
값 6,000원

* 성경구절은 개역개정판을 기준으로 삼음.

본 저작물의 저작권은 '믿음의 말씀사'가 소유합니다.
저작권법에 의해 보호를 받는 저작물이므로 무단 전재와 복제를 금합니다.

피의 언약

E. W. 케년 지음 | 노경아 옮김

믿음의말씀사

목차

서문 _ 6

1장 내 피의 새 언약 _ 9
2장 피 언약의 기원 _ 12
3장 아프리카의 언약 _ 17
4장 여호와께서 아브라함과 피의 언약을 맺으셨다 _ 23
5장 아브라함의 제사 _ 28
6장 아브라함의 언약 _ 32
7장 피 언약의 백성인 이스라엘 _ 36
8장 새 언약 _ 43
9장 두 언약의 대조 _ 46
10장 히브리서 연구 _ 50

11장 한 번의 제사 _ 55
12장 그리스도의 현재 사역 _ 57
13장 세 가지 중요한 단어 _ 70
14장 사중 축복 _ 75
15장 속량은 하나님께서 마련하신 것이다 _ 84
16장 그분의 발 아래 _ 89
17장 "내 이름으로" _ 93
18장 성찬식의 가르침 _ 100

이 시대의 시급한 필요 _ 104
피 언약 _ 106

서문

이 주제는 인간을 위한 하나님의 예비하심을 가장 풍성하게 최고로 얻는 것에 깊이 관심을 가지는 사람들에게, 성경 연구와 공부에 있어 완전히 새로운 장을 열었습니다.

이 주제에 대해 케년 박사의 강의를 듣는 특권을 가졌던 사람들은 그 내용을 출판할 수 없는지 계속해서 요청했습니다.

이제까지는 성사되지 못했지만, 마침내 많은 사람들이 심령에 품은 그 열망이 승인을 얻었습니다.

성찬식에 숨겨진 진리, 그리고 그 기초가 세워진 배경을 통해 알게 된 가능성들은 당신의 심령을 흥분되게 하고, 또한 과거 사도들에게는 일상이었던 그 능력과 승리와 기적들을 이해하고 활용할 수 있게 해 줄 것입니다.

피 언약이 당신에게 의미하는 바를 제대로 배우기만

한다면, 그 의미는 말로 형언할 수 없을 정도로 놀라울 것입니다.

이 책의 저자이신 나의 아버지 E. W. 케년 박사께서는 1948년 3월 19일에 주님 계신 본향으로 돌아가셨지만, 선친께서 시작하셨던 업적은 여전히 지속되고 있으며 수많은 사람들에게 축복이 되고 있습니다.

이 책은 그분을 오래도록 기리는 기념물로서 출간되었습니다. 선친의 사역으로 인해 도움을 받고 축복을 받은 많은 분들의 사랑의 헌물로 이 책이 나올 수 있었습니다.

루스 A. 케년

1장
내 피의 새 언약

오래 전부터 나는 성찬식the Lord's Table에 내가 이해하지 못한 무언가가 있음을 확신했습니다.

예수께서 처음 "이것은 죄 사함을 얻게 하려고 많은 사람을 위하여 흘리는 나의 언약의 피니라"(마 26:28)라고 말씀하시고, 이어서 그분의 몸인 빵을 먹고 또한 그분의 피라고 선포하신 포도주를 마시라고 말씀하셨을 때 제자들이 침묵했던 것을 보면, 그들은 예수님께서 말씀하시는 바를 이해했던 것입니다.

그러나 나는 이해하지 못했고, 혼란스러웠습니다.

오랜 시간 나는 이런 질문을 했습니다. "이 이상한 규례에 숨겨진 원리가 뭐지?"

예수님께서 "내가 진실로 진실로 너희에게 이르노니 인자의 살을 먹지 아니하고 인자의 피를 마시지 아니하면 너희 속에 생명이 없느니라"(요 6:53)라고 하신 말씀은 혼란을 가중시켰습니다.

예수님은 대체 무슨 말씀을 하신 걸까요?

그 무렵 나는 「주일 학교 신보The Sunday School Times」의 관록있는 편집자인 H. 클레이 트럼불Clay Trumbull 박사의 책을 입수했습니다. 그 책에서 그는 고대부터 모든 원시 부족들이 피 언약을 행해왔음을 보여줍니다.

그는 이 피 언약이 모든 원시 종교들의 근간이었음을 입증했습니다.

그는 전 세계에서 수집한 자료를 제시했습니다. 아프리카와 인도와 중국과 보르네오와 남태평양 군도에서, 우리 성찬식과 매우 흡사한 피 언약을 심지어 오늘날까지도 행하고 있다는 것입니다.

변질되긴 했지만, 그럼에도 불구하고 하나님께서 주셨던 본래 계시의 흔적을 가지고 있습니다.

스탠리Stanley 경은 그의 아프리카 탐험기에서, 각기 다른 부족과 50번이 넘게 피의 언약을 맺었다고 이야기합니다.

리빙스턴Livingstone 박사도 다른 아프리카 탐험가와 선교사들처럼, 이 의식에 주목했습니다.

언약Covenant이라는 히브리어를 보면 아마 이해가 될 것입니다.

이는 "자르다to cut"라는 뜻으로, 피가 흘러나오는 절개를 암시합니다.

사실상 성경에서 이 단어가 쓰일 때는 항상 "잘라서 피의 언약을 맺다to cut the Covenant"라는 의미입니다.

우리는 성경에서 아브라함이 여호와와의 언약 안으로 들어가기 전에, 주변의 여러 사람들과 "피의 언약을 맺는" 것을 볼 수 있습니다.

2장

피 언약의 기원

피 언약, 또는 우리가 성찬식이라고 부르는 이것은 인류의 가장 오래된 언약에 근거합니다.

그것은 분명히 에덴동산에서 시작되었습니다.

하나님께서 태초에 아담과 피 언약을 맺으셨다는 것, 또는 언약 안으로 들어가셨다enter into a covenant는 것은 자명한 일입니다.

내가 그렇게 믿는 이유는, 세상의 원시 부족 중에 우리가 아는 한 어떤 형태로든 피 언약을 행하지 않은 경우가 없었기 때문입니다. 즉 하나님께서 주신 기원을 따라 인간이 고금을 막론하고 그 언약을 행해온 것입니다.

오늘날 적도 아프리카의 수백 개 부족이 피의 언약을 맺습니다.

스탠리 경은 서로 다른 부족들과 50번이 넘게 피의

언약을 맺었습니다.

리빙스턴도 피의 언약을 맺었습니다.

선교사들은 그 의식을 보기는 했지만, 그저 이교도의 의례 정도로 여기고 그 의의를 이해하지는 못했습니다. 그들은 오늘날 아프리카에서 행해지는 피 언약이, 모든 부족들에게 주 예수 그리스도의 복음을 향한 문을 열게 될 것을 깨닫지 못했습니다.

만약 어떤 선교사가 그들의 부족 언어를 배워서 그들에게 성찬식에 대해 설명하고, 그 의미와 자신들의 의례가 거기에서 파생된 것을 이해시켰다면, 그들은 즉시 복음에 대해 문을 열었을 것입니다. 전체 속량 계획은 두 언약을 아우릅니다.

그것은 아시다시피, 우리의 옛 언약과 새 언약입니다.

그러나 먼저 고대의 언약이 의미하는 바를 설명해드리는 것이 좋겠습니다. 이는 거의 인류 공통입니다.

피의 언약을 맺는 이유

사람들이 다른 이와 피의 언약을 맺는 이유는 세 가지입니다.

먼저, 강한 부족이 더 약한 부족 근처에 살고 있으면, 약한 부족은 멸절될 위험이 있습니다. 따라서 약한 부족은 보전되기 위하여 강한 부족과 "피의 언약을 맺으려고" 할 것입니다.

둘째로, 두 사업가가 동업관계로 들어가는 것은, 둘 중 누구도 상대를 이용하지 않기로 보증하는 언약을 맺는 일과 같습니다.

셋째로, 두 사람이 다윗과 요나단처럼, 또는 다몬Damon과 피티아스Pythias[1]처럼 서로를 헌신적으로 사랑할 경우, 그들은 그 사랑을 위하여 언약을 맺을 것입니다.

피의 언약을 맺는 방법

피의 언약을 맺는 방법은, 비록 절차상의 차이는 있지만 세계적으로 거의 똑같습니다.

어떤 지역에서는 매우 기괴하고 끔찍할 정도의 의례로 변질되긴 했지만, 그것도 피 언약입니다.

아프리카 토착 부족, 아랍인, 시리아인, 발칸인들이 행하는 방식은 다음과 같습니다.

두 사람이 피의 언약을 맺고자 합니다. 그들은 그들의 친구와 함께 제사장에게 갑니다.

먼저, 그들은 선물을 교환합니다. 이렇게 선물을 교환

---

[1] 그리스 신화의 인물들로서 진정한 우정과 신의를 상징함.(역자 주)

함으로써, 그들은 서로 필요할 때 한 사람의 소유가 전부 상대의 것이 된다는 것을 나타냅니다.

선물 교환 후 그들은 포도주 한 컵을 가져오고, 제사장은 한 사람의 팔을 베어서 핏방울을 포도주에 떨어뜨립니다.

다른 사람의 팔도 베어서 그의 피도 포도주 안에 떨어뜨립니다.

그리고 포도주를 저어 피가 섞이게 합니다. 그 컵을 한 사람에게 주면 그가 일부를 마십시다. 그리고 상대방에게 넘겨주면 그가 나머지를 마십니다.

포도주를 마실 때, 그들은 보통 손목을 포개어 피가 섞이게 하거나, 아니면 혀를 상대의 상처에 대곤합니다.

이제, 그들은 피를 나눈 형제가 되었습니다.

피 언약의 신성함

스탠리 경은 아프리카에서 그 어떤 도발과 자극이 있다 해도, 이 언약이 깨진 일을 본 적이 없다고 말했습니다.

리빙스턴 박사도 언약이 깨지는 일을 본 적이 없다고 증언했습니다.

다른 지역에서도 피 언약이 깨지는 일을 접한 적이 없다고 주장합니다.

이는 모든 원시 부족들 사이에서 완벽하게 성스러운 언약입니다.

아프리카에서 누군가 이 언약을 깨뜨리면, 그의 어머니나 아내나 가장 가까운 친척이 그를 죽이려 하고, 원수 갚으려는 자의 손에 넘겨서 죽게 할 것입니다. 아프리카에서 이 언약을 깨뜨린 사람은 살아남을 수 없습니다. 그는 자신이 살던 그 땅을 저주한 것입니다.

가장 혐오하던 원수가, 피의 언약을 맺는 순간 가장 믿음직한 친구가 됩니다.

그 누구도 언약을 이용하거나 깨뜨릴 수 없습니다.

이는 3대와 4대에 걸쳐 존중되고 지켜질 정도로 매우 성스러운 것입니다.

다시 말해, 이는 영구적인 언약이며, 불변하며, 폐기될 수 없는 언약입니다.

3장
아프리카의 언약

스탠리 경의 설명이 이 언약의 의의를 이해하는 데 도움이 될 것입니다.

스탠리 경이 리빙스턴 박사를 찾다가, 적도의 어느 강력한 부족과 마주치게 되었습니다. 그들은 매우 호전적인 부족이었습니다.

스탠리 경은 그들과 싸울 상황이 아니었습니다.

결국, 통역자는 그에게 그들과 강력한 언약을 맺으라고 종용했습니다.

스탠리 경은 무슨 뜻인지 물었고, 그는 서로의 피를 마시는 것이라고 대답했습니다.

스탠리 경은 그런 의례에 혐오감을 느꼈지만, 상황은 점점 악화되었고, 결국 젊은 통역자는 그에게 왜 부족장과 피의 언약을 맺지 않느냐고 다시 요구했습니다.

스탠리 경은 그런 언약의 결과가 무엇인지 물었고, 통역자는 대답했습니다. "당신이 필요하면, 부족장의 모든 소유가 당신의 것이 될 겁니다."

이에 스탠리 경은 강한 인상을 받았고, 피 언약에 대해 조사했습니다. 며칠의 협상 후에, 그들은 결국 언약을 맺었습니다.

먼저, 부족장이 스탠리 경에게 그의 동기와 지위, 그리고 언약을 지킬 능력에 대해 질문하는 협상이 있었습니다.

다음 단계는 선물 교환이었습니다.

늙은 부족장은 스탠리 경의 하얀 새 염소를 원했습니다.

스탠리 경은 건강이 좋지 않았기에, 염소젖은 그가 섭취할 수 있는 영양소의 거의 전부였습니다. 그래서 그것을 준다는 것은 그에게 매우 어려운 일이었지만, 부족장은 다른 것은 원하지 않는 듯했습니다.

그래서 결국 염소를 내주었고, 늙은 부족장은 그에게 구리를 감은 7피트짜리 창을 넘겨주었습니다.

스탠리 경은 자신이 당했다고 생각했습니다. 그러나 나중에 보니 아프리카에서 그 창을 가지고 가는 곳마다 모든 사람이 자신에게 절하고 복종하는 것이었습니다.

그리고 그 부족장은 자신의 왕자 중 한 명을 데리고 왔습니다.

스탠리 경도 영국에서 온 자신의 대원들 중 한 명을

앞으로 나오게 했습니다.

    그러자 제사장이 포도주 잔을 가지고 나와서, 부족의 왕자의 팔목을 베어 포도주 잔 안으로 핏방울을 떨어뜨렸습니다. 또한 영국 청년의 팔목도 똑같이 베어서, 역시 핏방울을 포도주 잔 안으로 떨어뜨렸습니다.

    그러고는 포도주를 저어 피가 섞이게 했습니다.

    제사장은 그 잔을 영국 청년에게 주었고, 그가 일부를 마신 후 부족의 왕자에게 주자, 그는 나머지를 다 마셨습니다.

    다음으로, 그들은 서로 팔목을 비벼서 서로의 피가 섞이게 하였습니다.

    이제 그들은 피를 나눈 형제가 되었습니다.

    이 두 사람은 비록 대리인이었지만, 그들은 스탠리 경과 부족장, 그리고 스탠리 경의 대원들과 부족장의 군사들을 영원히 가를 수 없는 피의 형제 관계로 결속시켰습니다.

    그리고 상처에 화약을 비벼서 스며들게 했습니다. 그들이 언약의 사람들임을 나타내는 검은 흉터를 상처에 남기기 위함이었습니다.

    이 의식의 다음 단계는 나무를 심는 것이었습니다. 오래 살기로 유명한 나무들을 심습니다.

    나무를 심은 후에, 부족장이 앞으로 나와 외쳤습니다.

"와서, 스탠리와의 거래를 시작하라! 그는 우리와 피를 나눈 형제이다."

불과 몇 시간 전만 해도, 스탠리 경의 대원들은 자신들의 면포와 잡동사니 꾸러미 주변에 서서 감시해야만 했지만, 이제는 꾸러미를 열어둘 수도 있고 길 가에 그대로 두어도 아무도 건드리지 않았습니다.

왜냐하면 그들과 피를 나눈 형제인 스탠리 경의 것을 훔치는 사람은 죽음의 벌을 받아야 했기 때문입니다.

그 늙은 부족장은 그의 새로운 형제인 스탠리 경을 위해 그 무엇을 하더라도 부족했습니다.

스탠리 경은 이 언약의 신성함을 이해할 수 없었고, 수년 후에도 의문을 가졌습니다.

저주와 복

나는 이 의식에서 매우 중요한 특징을 아직 이야기하지 않았습니다.

두 젊은이가 서로의 피를 마신 직후, 제사장이 나와서 스탠리 경이 전에 들어본 적 없는 가장 끔찍한 저주들을 공표했습니다. 언약을 깬다면 그러한 저주가 그에게 임하게 되는 것입니다.

그런 후에 스탠리 경의 통역자가 스탠리 경을 대신하여,

그와의 언약을 깰 경우 늙은 부족장과 그 아내와 자녀와 부족에게 임할 저주를 공표했습니다.

모세가 다른 민족들에게 땅을 분배할 때, 그가 그들로 하여금 저주의 산과 복의 산에 주목하게 했던 것을 기억하십니까?

신명기 11장과 27장을 보면 구약의 저주와 복에 대해 나옵니다.

그 저주는 매년 저주의 산에서 공표되었으며, 복은 매년 복의 산에서 공표되었습니다.

기념

나무를 심는 의식은 나무가 자라는 지역이라면 항상 행해졌습니다.

이는 기념수紀念樹, 언약의 나무라고 불렸습니다.

나무가 자라지 않는 지역에서는 돌 더미를 쌓거나 기념비를 세워서, 그들 자신과 자손으로 하여금 서로가 영원히 끊을 수 없는 언약의 동지임을 상기시키는 기념물로 삼았습니다.

아브라함이 아비멜렉에게 암양을 주었던 장면을 기억할 것입니다. 그 양들은 기념물이었습니다.

양이 자라고 양떼가 커지면서, 그 양떼는 피의 언약이

맺어진 것을 지속적으로 상기시키는 증거가 될 것입니다.

언약이 거행된 순간, 피 언약 당사자의 모든 소유는 피 형제가 필요하다면 원하는 대로 쓸 수 있게 됩니다. 물론 그 형제는 무엇이든 절대적인 필요에 몰릴 때에만 요청하게 될 것입니다.

피 언약의 형제들에 대한 이야기는 내가 세상에서 아는 가장 아름다운 이야기들입니다.

이 언약의 또 다른 특징은, 그들이 피의 언약을 맺자마자, 다른 사람들은 그들이 피를 나눈 형제임을 알게 되고, 그들은 피를 나눈 형제들, 혈맹the blood brothers이라 불리게 된다는 것입니다.

4장

여호와께서 아브라함과 피의 언약을 맺으셨다

하나님께서 아브라함과 언약 안으로 들어가셨을 때, 매우 놀랄만한 사건들이 몇 가지 일어났습니다.

우선 아브람과 사래의 이름이 아브라함(하나님의 왕자)과 사라(하나님의 공주)로 바뀌었습니다.

다시 말해, 하나님께서 그들과 피의 언약을 맺으시기 전에 그들을 왕족으로 격상시켜 주신 것입니다.

아브라함의 언약은 유대교와 기독교의 기초로서, 현존하는 가장 놀라운 기록입니다.

이 언약은 할례로 인침 받았습니다(창 17).

이 언약으로 인해 아브라함과 그의 후손은 여호와께 끊을 수 없는 관계로 묶였고, 여호와 또한 아브라함과 그의 후손에 대해 똑같은 엄숙한 징표로 묶였습니다.

피의 언약을 맺기

아브라함이 99세가 되었을 때, 하나님께서 그에게 "전능하신 하나님, 엘 샤다이"로서 나타나셨습니다.

하나님께서 아브라함에게 말씀하셨습니다. "너는 내 앞에서 행하여 완전하라 내가 내 언약을 나와 너 사이에 두어 너를 크게 번성하게 하리라"(창 17:1-2)

아브라함이 엎드려 있는데, 하나님께서 계속 말씀하셨습니다. "보라 내 언약이 너와 함께 있으니 너는 여러 민족의 아버지가 될지라 이제 후로는 네 이름을 아브람이라 하지 아니하고 아브라함이라 하리니 이는 내가 너를 여러 민족의 아버지가 되게 함이니라"(창 17:4-5)

창세기 15:6에서 하나님께서는 아브라함에게 약속을 하셨고, 이에 성경은 "아브람이 여호와를 믿으니 여호와께서 이를 그의 의로 여기시고"라고 말씀합니다.

여기에서 "믿다"라는 말은 아브라함이 자신의 모든 존재, 과거와 미래까지도 하나님께 "전적으로 위탁"했다는 뜻입니다.

여기에서 "믿다"라는 단어의 히브리 원어는 "사랑의 신뢰"를 뜻할 뿐 아니라, "자신을 전적으로 내어놓다", "그의 일부가 되다", "그의 안으로 곧장 들어가다", "전적인 위탁"을 의미합니다. 아브라함은 자아를 완전히 포기하며 스스로를 하나님께 드렸습니다.

이러한 바탕에서 하나님께서 "나를 위하여for me;나를 대신하여" 즉 하나님의 대리물로서, "동물을 가져와 죽이라"라고 말씀하셨습니다.

아브라함은 그렇게 했습니다.

그러자 하나님께서 말씀하셨습니다. "나의 대리물이 죽었으니, 나는 네가 할례를 하기 원한다." 그의 피가 하나님의 대리물의 피와 섞이기 위해서였습니다.

그 일이 행해졌을 때, 하나님과 아브라함은 언약으로 들어갔습니다. 이는 아브라함이 현재 가진 것과, 앞으로 가질 모든 것이 그 제단 위에 놓였음을 의미했습니다. 이는 하나님께서 아브라함을 끝까지 지지하고 보호하셔야 한다는 뜻이었습니다.

하나님께서 아브라함과 피의 언약을 맺으셨을 때, 이 언약 덕분에 이스라엘 민족은 언약 백성이 되었습니다.

이 언약은 이스라엘 민족, 즉 아브라함의 자손에게만 한정되었고, 하나님의 약속과 맹세가 이를 뒷받침했습니다(창 22:16-18).

언약에 대한 몇 가지 사실

언약의 인침은 할례였습니다.

태어난 지 팔일 된 모든 남자 아이는 할례를 받았고, 할례는 아브라함의 언약으로 들어가는 관문이었습니다.

할례를 받고 언약 안으로 들어갈 때 비로소 그 아이는 언약과 관련된 모든 것의 상속자가 되는 것입니다.

만약 아이의 부모가 죽으면, 다른 이스라엘 사람이 부양의 의무를 지며, 또는 남편이 죽으면 다른 이스라엘 사람이 미망인을 돌볼 의무를 집니다. 이것이 언약의 법칙입니다.

모든 것이 이 언약의 제단 위에 올려졌습니다.

피 형제와의 언약을 지키는 것은 그 언약을 어길 시, 아내나 장자의 죽음이나 상실, 혹은 그의 소유나 생명의 파괴를 의미하는 것이기 때문에, 사실상 자신의 모든 전부를 그 제단 위에 올린 것입니다.

언약의 의무

"너희 집에서 난 자든지 너희 돈으로 산 자든지 할례를 받아야 하리니 이에 내 언약이 너희 살에 있어 영원한 언약이 되려니와"(창 17:13)

모든 남자 아이는 태어난 지 팔일 째에 할례를 받았습니다. 그들 몸에 있는 이 표시는 언약에서 그들의 위치에 대한 인침이었으며, 모세 시대에 갱신된 이 언약을 이스라엘이 지키는 한, 이 작은 민족을 정복할 대적은 세상 어디에도 없었습니다.

하나님께서 모세로 말미암아 이스라엘 민족을 애굽에서 이끌어내실 때, 그들에게는 율법도 제사장직도 없었습니다.

그때 하나님께서 그들에게 십계명, 제사장직, 속죄, 희생제, 제물, 그리고 제사와 제물을 다루는 법, 아사셀 염소, 예배를 주셨습니다. 이 모든 것들이 언약에 속했습니다.

이 언약은 현대인들이 생각하듯이 십계명에 포함된 일부가 아닙니다. 이것이야말로 율법의 근거였습니다.

그래서 언약의 율법이라 불렸습니다.

이스라엘은 언약 백성이었습니다.

출애굽기와 레위기를 주의 깊게 읽어보십시오. "속죄"라는 단어가 언제 처음 나오는지, 언제 율법이 주어졌는지, 언제 제사장직이 따로 세워졌는지 주의해서 보십시오.

레위기 16장과 17장을 꼼꼼히 공부하십시오. 피가 무엇을 의미하는지와 "속죄"라는 단어의 의미를 주의해 보십시오.

5장

아브라함의 제사

"네 아들, 네 사랑하는 독자를 데리고 가서…"

아브라함이 언약의 천사들의 면전에 꼼짝없이 서서 무서운 명령을 받았습니다. 나머지 부분의 내용은 아실 것입니다. 아브라함은 조금도 흔들림이 없었습니다.

이 명령이 그에게 어떤 의미였을지 생각해 보십시오. 그가 아들을 얼마나 갈망했었습니까?

일말의 가능성조차 영원히 사라져버린 것 같던 그때, 그가 자신의 열망을 여호와께 어떻게 표현했었는지요!

그때 여호와께서 그에게 아들을 약속하셨습니다.

"하나님이 또 아브라함에게 이르시되 네 아내 사래는 이름을 사래라 하지 말고 사라라 하라 내가 그에게 복을 주어 그가 네게 아들을 낳아 주게 하며 내가 그에게 복을 주어 그를 여러 민족의 어머니가 되게 하리니 민족의 여러 왕이 그에게서 나리라 아브라함이 엎드려 웃으며 마음속으로 이르되 백 세 된 사람이 어찌 자식을 낳을까 사라는 구십 세니 어찌 출산하리요 하고 … 하나님이 이르시되 … 네 아내 사라가 네게 아들을 낳으리니 너는 그 이름을 이삭이라 하라 내가 그와 내 언약을 세우리니 그의 후손에게 영원한 언약이 되리라"(창 17:15-17, 19)

아브라함과 사라는 늙었습니다. 아브라함은 거의 백 살이었고, 사라는 구십 살이었습니다. 감각의 영역에서 볼 때 그들이 부모가 된다는 것은 불가능한 일이었습니다. 창세기 18:11은 이렇게 말씀합니다. "아브라함과 사라는 나이가 많아 늙었고 사라에게는 여성의 생리가 끊어졌는지라"

그러나 아브라함은 죽은 것과 다름없는 자신의 몸이나 사라의 말라버린 태를 생각하지 않고, 주님을 바라보며 점점 강해졌습니다.

그는 하나님은 약속하신 것을 무엇이든 이루실 수 있는 분으로 여겼습니다. 성경은 말씀합니다. "아브라함이 하나님을 믿었으니"

"여호와께서 말씀하신 대로 사라를 돌보셨고 여호와께서 말씀하신 대로 사라에게 행하셨으므로 사라가 임신하고 하나님이 말씀하신 시기가 되어 노년의 아브라함에게 아들을 낳으니 아브라함이 그에게 태어난 아들 곧 사라가 자기에게 낳은 아들을 이름하여 이삭(웃음)이라 하였고"(창 21:1-3)

아이는 자라서 18살이나 20살쯤 되었고, 그때 하나님께서 그 아이를 달라고 하셨습니다.

하나님께서 말씀하셨습니다. "네 아들 네 사랑하는 독자 이삭을 데리고 모리아 땅으로 가서 내가 네게 일러 준 한 산 거기서 그를 번제로 드리라"(창 22:2)

그것이 그가 소중히 여기는 모든 것을 저버린다는 의미임에도 불구하고, 아브라함은 주저하지 않고, 청년이 된 아들을 데리고 삼 일 밤낮의 여정을 떠났습니다.

그들은 모리아 산에 도착하여 함께 제단을 쌓았습니다.

아브라함은 청년이 된 아들을 제단 위에 눕히고 칼을 꺼내 그를 죽이려 했습니다. 주의 천사가 외쳤습니다. "아브라함아! 아브라함아! 멈춰라."

하나님께서는 언약을 지킬 사람을 마침내 찾으셨습니다. 마침내 언약을 지키는 사람을 찾으신 것입니다.

이제 하나님께서 하시는 말씀을 보십시오. "내가 나를 가리켜 맹세하노니", "네가 이같이 행하여 네 아들 네 독자도 아끼지 아니하였은즉 내가 네게 큰 복을 주고 네 씨가 크게 번성하여 하늘의 별과 같고 바닷가의 모래와 같게 하리니"(창 22:16-17)

보셨습니까? "내가 나를 가리켜 맹세하노니" 하나님의 보좌가 그분의 약속의 보증이 되었습니다. 그것은 인간이 생각할 수 있는 가장 신성하고 엄숙한 것이었습니다.

아브라함은 자신이 하나님께서 믿으실 만한 사람인 것을 입증했습니다.

언약을 지키시는 하나님

이 일 전에, 하나님께서 소돔과 고모라를 멸하려고 하실 때, 그분께서 내가 하려는 일을 어찌 아브라함에게 숨기겠느냐고 말씀하신 것을 아실 것입니다.

또한 아브라함이 하나님께 크게 호소한 것과 그가 깜짝 놀랄 방식으로 하나님과 대화한 것을 아실 것입니다.

그는 말했습니다. "만물의 하나님께서 정의를 행하셔야 하지 않겠습니까?"

그리고 그는 그 도시에 있는 의인을 위해 호소했고, 하나님께서는 그분과 피 언약 관계에 있는 이 땅의 사람이 소돔과 고모라는 악한 도시를 위한 중보자가 되는 것을 허락하셨습니다.

아브라함이 언약 안으로 들어갔을 때, 그는 이 땅의 악인들과 온 땅의 하나님 사이를 중재할 권리를 얻었습니다.

아브라함은 영원히 서 있는 피 언약의 중보의 선례를 세웠습니다.

6장

아브라함의 언약

아브라함의 언약은 이스라엘의 존재 이유였습니다.

하나님께서 그들에게 언약을 주지 않으셨다면, 그들 민족은 존재하지 않았을 것입니다.

이삭이 아브라함은 백 살, 사라는 구십 살이 넘은 후에 태어난 것을 기억해 보십시오.

이스라엘 민족의 조상인 이삭은 기적의 아이였습니다.

이삭의 손자들이 성인으로 자란 후에, 그 민족은 이집트로 내려갔습니다. 그들은 400년 후, 그 중 300년이 넘는 세월을 노예로 지낸 후 이집트에서 해방되었습니다.

이런 식으로 해방된 민족은 결코 없습니다. 이는 역사상 가장 희귀하고 독특한 민족적 경험이었습니다. 그들은 하나님의 피 언약의 백성이었기 때문에 해방된 것입니다.

출애굽기 2장에서 말하기를, 하나님께서 애굽에서 이스라엘 민족이 고통하는 소리를 들으셨을 때, 그분께서는 아브라함과 이삭과 야곱과 세운 언약을 기억하셨습니다.

하나님께서는 아브라함의 피 언약의 후손을 구하기 위해 모세를 애굽으로 보내셨습니다.

하나님께서는 그 언약을 깰 수 없었습니다. 그분은 그 언약을 잊거나 무시할 수 없었습니다.

그분은 언약을 지키는 하나님이십니다.

이스라엘 백성 뒤에는, 하나님께서 스스로를 철저하고 완벽하게 얽어매어 확증하신 엄숙한 언약이 받치고 있었습니다.

하나님과 이스라엘 백성은 함께 묶였습니다.

이스라엘이 언약을 지키는 한, 그들 중에는 아픈 사람이 없었습니다.

하나님께서 "나는 너희를 치유하는 여호와임이라"라고 말씀하셨을 때, 그것은 정해진 것입니다.

여호와께서 그들의 유일한 의사이셨습니다.

그분은 그들의 의사이실 뿐 아니라, 그들의 구조자이셨고, 그들의 보호자이셨습니다.

그들이 그 언약을 어기지만 않는다면, 그들 중에는 임신하지 못하는 여자가 없었고, 죽는 아이가 없었으며, 젊은이가 죽는 일도 없었습니다.

그들이 그 언약을 지키는 한, 세상의 어떤 연합군도 이 작은 민족을 정복할 수가 없었습니다.

전투에서 죽임을 당하는 군사가 한 명도 없었습니다.

그들은 피 언약의 사람들이었습니다.

모세는 그들을 애굽에서 데리고 나와서, 미국의 모하비 사막은 비할 수도 없는 메마른 사막으로 이끌었습니다. 그리고 언약의 땅에서, 하나님께서는 그들과 가축을 위해 물과 만나를 공급하셨습니다.

그들은 당시 전 세계를 놀라게 한 표적과 기사를 통해 애굽을 빠져나왔고, 이는 이후에도 세상에 놀라움과 경이로움이 되었습니다.

하나님께서는 그들 민족 전체를 보전하셨습니다. 그들은 하나님의 언약 백성이었기 때문입니다.

그러나 그들이 죄를 짓고 그 언약을 어겼을 때, 그들은 포로로 바빌론에 붙잡혀 가버렸습니다.

그들은 언약에 반하는 죄를 지었습니다. 그들은 스스로에게 심판을 가져왔습니다.

그러나 그럼에도 불구하고, 하나님께서는 전에 아브라함과 세웠던 언약을 기억하셨습니다. 그들은 하나님의 계시를 받았습니다.

우리는 이를 옛 언약, 즉 구약이라 부릅니다. 우리는 이를 선지서들과 시편의 율법이라고 부릅니다.

이스라엘은 이러한 하나님의 계시와 하나님의 율법을 받았습니다. 그들은 하나님의 피 언약 백성이었기 때문입니다.

그리고 예수께서 새 언약, 신약의 창시자가 되셨습니다. 이스라엘 민족이 아브라함의 언약을 가졌듯이, 우리는 새 언약을 가지고 있습니다.

예수께서 보증이 되시는 새 언약으로 말미암아, 우리는 그들이 들어갔던 기이한 축복뿐 아니라 더 풍성한 축복 가운데로 들어갑니다.

7장
피 언약의 백성인 이스라엘

피 언약의 백성인 이스라엘과 관련된 몇 가지 기적들에 주목하시기 바랍니다.

이 언약은 그들에게 육체적인 보호, 즉 적과 전염병과 질병으로부터의 보호를 보장했습니다.

그들은 애굽으로 가서 삼백만이 넘는 큰 민족이 되었습니다. 하나님께서는 인간의 이성을 완전히 놀라게 한 연속적인 기적을 통하여 그들을 이끌어내셨습니다.

그분께서 이런 일을 하신 이유는 바로, 이스라엘과 피 언약 관계에 계셨고 그들을 구해야 할 법적 계약에 묶여 있었기 때문입니다.

그들이 노예 생활에서 해방되어 홍해 해변에 섰을 때, 하나님께서 말씀하셨습니다. "나는 너희를 치유하는 여호와임이라."

그때 그분께서는 애굽의 어떤 질병도 그들에게 임하지 않을 것이라고 약속하셨습니다.

그분께서는 그들과 피 언약을 맺은 의사이셨습니다. 이해하기가 정말 쉽지 않습니다.

아시다시피 그들은 광야에서 사십 년을 방황했습니다.

하나님께서는 작열하는 사망의 태양으로부터 보호하기 위해 구름을 주셨고, 또한 밤에는 빛과 열기를 주는 불기둥을 주셨습니다.

하나님께서는 그들에게 음식과 물을 주셨습니다. 그분께서는 그들의 매일의 필요를 채우셨습니다.

율법과 제사장직

그때 하나님께서 그들에게 피 언약의 법을 주셨습니다. 우리는 이를 모세의 율법이라고 부릅니다. 왜냐하면 모세가 이스라엘 민족에게 그것을 전달하는 매개가 되었기 때문입니다.

이 법은 그들을 이 땅의 모든 다른 민족들과 구별하기 위한 것이었습니다. 이는 그들을 하나님께서 특별한 축복을 주실 수 있는 독특한 백성으로 만들기 위한 것으로서, 피 언약에 기반을 둔 것이었습니다.

그 언약은 이스라엘 백성의 모든 삶이 돌아가는 중심

이었습니다. 그러나 그들은 하나님께서 주신 그 율법을 깨뜨렸습니다. 그래서 제사장직이 반드시 있어야 했습니다.

이전에는 인류 가운데 하나님께서 기름 부으신 제사장직이 존재하지 않았습니다. 그러나 이제 하나님께서 제사장직과 대제사장을 임명하셨습니다.

제사장직과 함께 속죄제에 대한 법이 주어졌습니다. 전에는 결코 속죄제나 대속죄일 같은 것이 없었습니다.

그들이 아는 제사란 오직 화목제와 번제뿐이었습니다.

이제 하나님께서 특별한 희생제사를 지명하셨습니다. 그 피가 깨어진 율법을 덮고, 영적으로 죽은 이스라엘을 덮어서, 하나님께서 그들 가운데 거하실 수 있게 하기 위함이었습니다.

히브리어에서 "속죄"라는 단어는 덮는다는 뜻입니다. 하나님께서 속죄에 대한 법을 주신 이유는 피 안에 있는 생명 때문입니다. 그 생명이 영적으로 죽은 이스라엘과, 깨어진 율법과, 하나님의 임재 가운데 그대로는 설 수 없는 이스라엘의 부적절함을 모두 덮는 가리개로 드려지기 때문입니다.

피 언약의 제사장직은 대제사장이 맡았습니다. 그는 언약의 보증이 되었습니다. 그는 이스라엘 백성과 하나님 사이에 선 자였습니다.

일 년에 한 번 그는 속죄제를 드리기 위해 지성소로 들어갔습니다.

백성들이 극심한 죄를 저지르는 경우만 없다면, 대제사장은 오직 이때에만 역할을 수행했습니다.

대제사장의 역할은 일 년에 한 번 이스라엘 백성을 위한 죄 덮음Covering 또는 속죄를 하는 것과, 백성들의 죄를 아사셀 염소의 머리에 고하고 광야에 죽도록 내보내는 일에 특별하게 구별되어 있었습니다.

이스라엘 민족이 주님과의 교제를 지속하고 그분의 보호를 보장받기 위해서 대제사장은 꼭 필요한 존재였습니다.

그리고 속죄와 대제사장직과 더불어, 피 언약의 제사들도 주어졌습니다.

레위기의 첫 일곱 장들에 언급되는 다섯 가지 큰 제사는 번제, 소제, 화목제, 속건제, 속죄제였습니다.

이 제사들은 교제의 제사felllowship offerings와 깨어진 교제를 회복하는 제사broken fellowship offerings였습니다.

그들은 이 제사들을 일상적으로 행해야 했습니다.

이스라엘 백성이 하나님과의 교제 가운데 있을 때는, 번제나 소제나 화목제를 드릴 수 있었습니다.

그러나 자신의 형제에게 죄를 지으면, 속건제를 드릴 수 있었습니다.

또한 하나님의 거룩한 것들을 범하는 죄를 지으면, 속죄제를 드렸습니다.

특히 마지막 속죄제의 경우, 대제사장이 특정한 조건 하에서 수행했습니다.

그들은 피 언약의 백성이었으며, 피 언약의 의무와 특권을 가지고 교제를 반드시 유지해야 했습니다.

언약의 복

하나님께서는 주변 민족들의 군대로부터 이스라엘 민족을 지켜주셔야 할 의무가 있었습니다.

하나님께서는 그들이 땅에서 많은 소출을 얻도록 돌보실 의무가 있었습니다. 언약으로 말미암아, 하나님께서는 그들의 가축 떼가 번성하도록 돌보실 의무가 있었습니다.

하나님의 손이 그들에게 축복으로 임했습니다.

그들은 열방의 머리이자, 부요의 머리가 되었습니다.

예루살렘은 세상에서 가장 부요한 도시가 되었습니다.

그들의 산비탈에는 물이 대어졌고, 그들의 골짜기는 부요로 가득 찼습니다.

그런 도시가 없었고, 그런 나라가 없었습니다.

하나님께서 그들의 하나님이셨고, 그들은 하나님의 언약 백성이었습니다.

언약 아래서는, 전쟁에 나선 한 사람이 천을 쫓고, 두 사람이 만을 달아나게 할 수 있었습니다.

다윗의 날에 언약의 진리가 백성 가운데 살아있는 힘이 되었을 때는, 다윗의 피 언약 전사들이 한 번의 전투에서 각각 800명을 절멸시킬 수 있었습니다.

그들은 무기도 없이 사자를 마치 새끼인 것처럼 찢어 죽일 수 있었습니다.

그들에게는 육체적인 힘과 역량이 있었습니다. 그들에게는 그들을 세상에서 가장 위대한 전사로 만든 신성한 보호가 있었습니다.

그들은 하나님의 독특한 백성이었습니다. 그들은 하나님의 심중의 보물이었습니다.

심판

인간의 역사에서 이스라엘 성읍의 파괴와 그들이 바빌론으로 끌려간 것보다 더 비극적인 사건은 없습니다. 이런 일이 일어난 것은 그들이 언약을 범하여 죄를 지었기 때문입니다.

하늘은 놋이 되고, 땅은 철과 같이, 비는 먼지가 되었습니다. 질병이 그들을 괴롭혔고, 적들이 침략했고, 마침내 그들의 위대한 도시, 세상에서 가장 부유했던 도시가

폐허가 되고 말았습니다. 세상에 세워진 그 어떤 건축물보다 많은 돈을 들였던 성전이 완전히 파괴되고 먼지와 잿더미가 되었습니다.

그들은 언약을 깨뜨렸습니다.

8 장

새 언약

 이제, 우리는 배경을 알았습니다.

 우리는 새 언약으로 와서, 예수님과 그분의 제자들이 십자가에 달리시기 전날 밤 함께 모여 있는 장면을 보겠습니다.

 예수께서 말씀하셨습니다. "나는 너희와 이 떡을 쪼개고, 이 잔을 마시기를 애타게 기다렸다."

 그리고 그분께서 떡을 축복하시고 쪼개신 후에 말씀하셨습니다. "이것은 너희를 위해 쪼개진 나의 몸이다." 그리고 잔을 들고 말씀하셨습니다. "이것은 죄 사함을 얻게 하려고 많은 사람을 위하여 흘리는 나의 피다."

 이 새 언약은 옛 피 언약의 기초 위에 세워졌습니다.

 이제 당신은 예수께서 "이것은 나의 새 언약의 피다"라고 말씀하실 때, 제자들이 그 의미를 이해했음을 알 수 있습니다. 그들은 그 밤 다락방에서 예수님과 피 언약을 맺을 때, 자신들이 인간의 심령에 알려진 가장 강력하고 신성한 언약 가운데로 들어간 것을 알았습니다.

언약의 보증되신 예수

예수께서는 옛 언약을 대체하시고 성취하심으로써, 우리에게 새 언약을 가지고 오셨습니다(히 10:9).

옛 언약의 성취로 인해, 그와 관련된 모든 것이 폐기되었습니다.

옛 언약이 할례로 인침 받았던 것처럼, 새 언약은 새로운 탄생으로 인침 받게 됩니다.

옛 언약에는 레위 제사장이 있었습니다.

새 언약에는 대제사장이신 예수가 계시며, 또한 왕 같은 제사장인 우리가 있습니다(벧전 2:1-10).

첫 제사장에게는 성전이 있었고, 하나님께서는 그 안의 지성소에 언약궤와 함께 머무셨습니다(출 40).

새 언약에서는 우리의 몸이 하나님의 성전이 되었고, 성령께서 우리 안에 거하십니다.

옛 언약의 보증은 여호와이셨습니다.

"이와 같이 예수는 더 좋은 언약의 보증이 되셨느니라" (히 7:22)

이제 새 언약에서는 예수께서 모든 조문을 뒷받침하고 계십니다.

그분께서는 새 언약의 위대한 중보자이십니다. "그러므로 그는 또한 자기를 통하여 하나님께 나아오는 자들을 끝까지 구원하실 수 있으니, 이는 그가 항상 살아 계셔 그들을 위하여 중보하심이라."(히 7:25, 한글킹제임스)

하나님께서는 자기 자신을 옛 언약의 맹세에 속박하셨습니다. 그분께서 옛 언약의 보증이셨습니다. 그분께서는 "나 스스로, 맹세한다"라고 말씀하셨습니다.

하나님께서 옛 언약 뒤에 서 계시고, 그 보증이 되신 것처럼, 예수께서 새 언약의 모든 말씀의 보증이 되십니다.

강한 믿음은 이러한 토대 위에 세워져야 합니다.

하늘의 자원이 예수님의 배후이자, 이 새 언약의 배후입니다.

9장

두 언약의 대조

성경은 두 가지의 언약 또는 계약, 협정으로 구성되어 있습니다.

첫 언약은 아브라함과 여호와 사이에 맺어진 것이었습니다. 이는 할례로 인침 받았습니다(창 17).

이는 "율법의 언약Law Covenant" 또는 "모세의 언약"이라 불리곤 합니다. 그러나 두 이름 모두 틀렸습니다.

이스라엘 민족이 애굽에서 구출되었을 때, 그들에게는 법도 정부도 없었습니다. 그래서 여호와께서 그들에게 율법을 주셨습니다.

우리는 그것을 모세의 율법이라고 부릅니다(출 20).

이는 언약의 율법the Covenant Law이며, 그 안에 제사장직과 제사와 의식과 제물이 포함되어 있습니다.

이 법은 주어지기가 무섭게 바로 위반되었습니다.

그래서 하나님께서는 그들에게 깨어진 율법에 대한 속죄(또는 죄 덮음)를 주셨습니다(출 24).

"속죄"라는 단어는 "덮다"라는 뜻입니다. 이는 신약의 용어가 아닙니다. 이 단어는 신약에는 나오지 않습니다.

왜 그럴까요? 왜냐하면 예수 그리스도의 보혈이 겨우 덮는 정도가 아니라, 깨끗케 했기 때문입니다.

첫 언약은 죄를 제거하지 못했습니다. 그저 덮을 뿐이었습니다.

첫 언약은 영생이나 새로운 탄생을 주지 못했습니다. 그에 대한 약속을 줄 뿐이었습니다.

첫 언약은 하나님과의 교제를 주지 못했습니다. 그러한 유형만을 줄 뿐이었습니다.

첫 언약은 한 민족으로서 이스라엘을 보호해주었고, 그들의 육신적인 필요를 채워주었습니다.

하나님께서는 이스라엘 민족의 치유자이자, 공급자이며, 보호자이셨습니다.

모세의 율법과 언약은 분리될 수 없고, 그 언약이 성취되었을 때, 율법도 성취되고 폐기되었습니다.

"율법은 장차 올 좋은 일의 그림자일 뿐이요 참 형상이 아니므로 해마다 늘 드리는 같은 제사로는 나아오는 자들을 언제나 온전하게 할 수 없느니라"(히 10:1)

율법과 첫 언약은 모두 그림자일 뿐이었습니다.

옛 언약 아래서의 제사로는 결코 인간을 온전하게 해줄 수 없었습니다. "그렇지 않다고 하면, 제사 드리는 사람들이 한 번 깨끗해진 다음에는, 그들은 더 이상 죄의식을 가지지 않을 것이고, 따라서 제사 드리는 일을 중단하지 않았겠습니까?"(히 10:2, 표준새번역)

황소와 염소의 피는 양심을 깨끗케 하지 않았고, 인간에게서 죄의식을 제거하지도 않았습니다.

따라서 인간이 하나님의 임재 안에 정죄 없이 설 수 있도록 죄의식을 제거하는 제사가 있음을 추론할 수 있습니다.

"그러므로 이제 그리스도 예수 안에 있는 자에게는 결코 정죄함이 없나니"(롬 8:1)

"그러므로 우리가 믿음으로 의롭다 하심을 받았으니 우리 주 예수 그리스도로 말미암아 하나님과 화평을 누리자"(롬 5:1)

하나님께서 우리의 의Righteousness, 또는 우리의 의롭다 함Justification이 되셨습니다. "곧 이 때에 자기의 의로우심을 나타내사 자기도 의로우시며 또한 예수 믿는 자를 의롭다 하려 하심이라"(롬 3:26)

성소에서 섬기는 이

첫 언약은 아브라함의 피로 인침 받았고, 하나님께서는

동물을 희생시키셨습니다.

  이 새 언약은 하나님 그분의 아들인 예수 그리스도의 피로 인침 받았습니다.

  "이러한 대제사장이 우리에게 있다는 것이라 그는 하늘에서 지극히 크신 이의 보좌 우편에 앉으셨으니"(히 8:1)

  그분은 주께서 모세를 대신하여 예비하신 참 장막에서 섬기는 분이십니다.

  옛 언약 아래서 모든 것은 대제사장을 중심으로 이루어졌습니다. 대제사장이 직분을 수행하지 못하면, 백성들은 결코 하나님께 접근할 수 없었습니다.

  "그러나 이제 그는 더 아름다운 직분을 얻으셨으니 그는 더 좋은 약속으로 세우신 더 좋은 언약의 중보자시라"(히 8:6)

  대제사장은 이스라엘 백성과 여호와 사이에 있는 이 땅의 중보자였습니다. 예수님은 새 언약의 중보자이십니다.

10 장

히브리서 연구

히브리서는 몇 가지 지극히 중요한 대조를 보여줍니다.

먼저 모세와 예수님 사이의 대조가 있습니다. 또한 대제사장 아론과 새로운 대제사장이신 예수님 사이의 대조가 있고, 황소와 염소의 피와 그리스도의 피 사이의 대조가 있습니다.

피들의 대조뿐만 아니라, 두 가지 장막 사이의 대조도 있습니다. 하나는 모세가 세운 것이고, 하나는 하늘에 세워진 것입니다. 예수께서 후자의 장막에 들어가셔서, 우리의 대제사장으로서 그곳에 앉아 계십니다.

그분의 집은 지성소입니다. 옛 언약 하에서 제사장은 속죄제를 하는 동안에만 그곳에 머물 수 있었습니다.

히브리서 9:21-23은 장막과 모든 그릇을 어떻게 피로 깨끗하게 하였는지를 이야기합니다.

"또한 이와 같이 피를 장막과 섬기는 일에 쓰는 모든 그릇에 뿌렸느니라 율법을 따라 거의 모든 물건이 피로써 정결하게 되나니 피 흘림이 없은즉 사함이 없느니라 그러므로 하늘에 있는 것들의 모형은 이런 것들로써 정결하게 할 필요가 있었으나 하늘에 있는 그것들은 이런 것들보다 더 좋은 제물로 할지니라"

깜짝 놀랄 만한 일이지만, 아담의 죄는 바로 하늘 자체를 건드렸던 것입니다.

24절은 말씀합니다. "그리스도께서는 참 것의 그림자인 손으로 만든 성소에 들어가지 아니하시고 바로 그 하늘에 들어가사 이제 우리를 위하여 하나님 앞에 나타나시고"

이것이 모든 것의 절정입니다.

이는 그리스도의 피와 황소와 염소의 피의 가치를 하나님께서 어떻게 다르게 매기시는지를 보여줍니다.

우리가 그리스도의 보혈을 하나님의 눈으로 가치 있게 여긴다면, 하나님 앞에서 우리의 신분과 관계의 문제는 더 이상 생각나지 않게 될 것입니다.

새로운 중보자

첫 언약 하에서 황소와 염소의 피는 오직 육신을 정결케 하고 거룩하게 할 뿐이었습니다. 그러나 그리스도의 피는 "죽은 행실로부터 우리의 양심을 정결케" 하여 우리가 살아계신 하나님의 임재 안에 정죄 없이 설 수 있게 합니다.

왜냐하면 예수께서 자신의 피를 가지고 하늘의 지성소로 들어가셨을 때, 하나님께서 그 피를 받으셨기 때문입니다. 이런 일로 인해 예수님은 새 언약의 중보자가 되셨습니다.

"하나님은 한 분이시요 또 하나님과 사람 사이에 중보자도 한 분이시니 곧 사람이신 그리스도 예수라"(딤전 2:5)

사람에게 중보자가 필요한 이유는 그가 하나님 앞에서 자신의 신분을 잃었기 때문입니다. 그는 하나님께 접근할 수 있는 근거가 없습니다.

자연적인 인간은 참으로 법적 보호를 박탈당하고 추방된 존재입니다.

에베소서 2:12는 그의 비참한 상태를 "하나님도 없고 소망도 없다"라고 묘사합니다.

이제 예수께서 하나님과 타락한 사람 사이의 중보자가 되셨습니다.

황소와 염소의 피는 죄를 제거하지 않았습니다. 그저 임시로 덮은 것뿐입니다.

그러나 그리스도께서 오셔서, 황소와 염소의 피를 믿던 모든 사람들을 속량하셨습니다.

"그는 … 첫 언약 때에 범한 죄에서 속량하려고 죽으사" (히 9:15)

옛 언약 때의 제사들은 예수께서 갈보리에서 그 값을 지불하시게 될 약속 어음과 같은 것들이었습니다.

하나님께서는 자신의 아들을 보내셔서 죄가 되게 하시고, 첫 언약 때의 모든 죄를 그분에게 얹으심으로써, 이스라엘 민족과 맺은 언약을 지키셨습니다. 이스라엘 백성은 예수를 자신들의 구원자로 받아들임으로써 약속된 속량 가운데로 들어가게 될 것입니다.

그분께서 죄를 제거하셨다

이것이 히브리서의 가장 핵심적인 가르침입니다.

첫 언약 때는 죄가 "덮여졌습니다." 첫 언약 하에서 이스라엘 민족이 가질 수 있는 가장 좋은 것은 피로 덮음, 또는 속죄였습니다.

"속죄"라는 단어가 "덮다"라는 뜻임을 기억하실 것입니다. 그러나 새 언약 하에서 우리의 죄는 덮이는 것이 아닙니다. 그것들은 제거되고, 면제됩니다remit.

죄들은 마치 한 번도 범해진 적이 없는 것처럼 취급됩니다.

"대제사장이 해마다 다른 것의 피로써 성소에 들어가

는 것 같이 자주 자기를 드리려고 아니하실지니 그리하면 그가 세상을 창조한 때부터 자주 고난을 받았어야 할 것이로되 이제 자기를 단번에 제물로 드려 죄를 없이 하시려고 세상 끝에 나타나셨느니라"(히 9:25-26)

"세상 끝end of the ages"이라는 표현의 진짜 의미는 두 세대가 만나는 지점을 말합니다.

십자가는 옛 계수법이 끝나는 지점이자, 새로운 시대가 시작되는 지점이었습니다.

하나님과 사람 사이에는 아담의 범죄가 가로막고 있었습니다. 그러나 예수께서 그것을 제거하셨습니다.

"하나님이 죄를 알지도 못하신 이를 … 죄로 삼으신 것은"(고후 5:21)

예수께서 죄 문제를 해결하셔서, 하나님께서 우리가 지은 모든 죄를 합법적으로 면제하실 수 있게 되었고, 또한 우리를 새로운 피조물로 삼아 영생을 주실 수 있게 되었습니다.

"그런즉 누구든지 그리스도 안에 있으면 새로운 피조물이라 이전 것은 지나갔으니 보라 새 것이 되었도다 모든 것이 하나님께로서 났으며 그가 그리스도로 말미암아 우리를 자기와 화목하게 하시고 또 우리에게 화목하게 하는 직분을 주셨으니"(고후 5:17-18)

11 장

한 번의 제사

언약의 변화와 제사장직의 변화는 이스라엘을 거의 집 없는 자의 상태로 만들어 버렸습니다.

멋진 성전을 떠나서, 거리와 이집 저집을 다니며 말씀을 전하는 것은 가히 충격적인 혁신이었습니다.

예수께서 이루신 한 번의 제사가, 동물을 도살하여 그 피를 지성소로 가지고 들어가는 일을 끝냈습니다.

죄를 덮는 일의 종말이었습니다.

"그리스도는 죄를 위하여 한 영원한 제사를 드리시고 하나님 우편에 앉으사"(히 10:12)

이 "단번의 one for all" 제사가 아사셀 염소에게 죄를 얹어 내보내는 일을 끝냈습니다.

대속죄일과 아사셀 염소에 대해 이해하기 위해서는 레위기 16:1-22을 꼭 주의 깊게 읽어보십시오.

이는 이스라엘 백성의 죄로 인한 치욕과 속죄의 연례 행사로서, 이날 대제사장은 성소와 제사장들과 백성들을 위해 속죄 의식을 하였습니다.

대제사장은 그의 제사장의 장신구를 모두 따로 벗어 놓고, 피를 가지고 지성소에 들어가며, 먼저 자기 자신과 제사장직을 위해 속죄 제물을 드립니다.

그런 후에 그는 이스라엘 민족을 위해 숫염소 두 마리를 취합니다. 한 마리는 여호와를 위해 잡았고, 다른 한 마리는 그 머리에 백성들의 죄를 대표로 얹었습니다. 그 염소는 이스라엘 민족의 죄의 운반자the sin-bearer가 되었고, 죄책guilt을 짊어지고 광야로 보내졌습니다.

마가복음 15:38은 예수님께서 죽으시고 성소와 지성소 사이를 가르는 휘장이 찢어진 사건을 이야기합니다. 지성소에서는 피를 가지고 들어가서 속죄소(시은좌)에 뿌리는 일이 행해졌었습니다.

이는 이 땅 위의 지성소의 종말이었습니다.

예수의 피로 새 언약이 시작된 것입니다.

사도행전 20:28은 이것이 하나님의 피였다고 말씀합니다.

그분은 이러한 신성한 피를 가지고, 손으로 짓지 아니한 하늘의 새 장막 안의 지성소로 들어가셨습니다(히 9:12).

이것이 바로 "단번에" 이루어진 제사였습니다.

12장
그리스도의 현재 사역

대부분의 그리스도인들이 그리스도의 현재 사역을 간과하고 있습니다.

너무나 많은 사람들이, 예수께서 우리를 위해 그분의 생명을 주신 것을 생각할 때, 오직 그분의 죽음과 부활에 대해서만 생각합니다.

그들은 그리스도께서 하나님 아버지의 우편에 앉으셨고, 우리를 위해 죽으신 것만큼이나 실제적으로 우리를 위해 살기 시작하셨음을 알지 못합니다.

그분은 더 이상 갈릴리의 평범한 남자가 아닙니다. 그분은 이제 하나님께 버림받고 우리를 위해 죄가 되신 하나님의 아들이 아닙니다.

그분은 만유의 주이십니다. 그분은 사탄과 죄와 질병을 정복하셨습니다. 그분은 죽음을 정복하셨습니다.

그분은 하늘과 땅의 모든 권세를 소유하셨습니다(마 28:18).

우리는 두려움 없이 그분의 말씀을 행할 수 있습니다. 왜냐하면 예수께서 그 말씀을 지지하고 계시기 때문입니다. 그분께서 말씀의 보증이십니다.

예수는 새 언약의 보증이 되셨습니다(히 7:22).

우리의 대제사장이신 예수

옛 언약의 대제사장은 새 언약의 대제사장이신 그리스도의 모형이었습니다.

옛 언약 하의 대제사장은 매년 황소와 염소의 피를 가지고 이 땅의 장막으로 들어가서 이스라엘 민족의 죄를 위해 연례 속죄 의식을 행했습니다.(히브리서 9:25, 10:1-4을 읽어보십시오)

제사장들은 이스라엘의 죄를 위해 같은 제사를 드렸습니다(히 10:11).

그러나 그리스도께서는 하늘에 자신의 피를 가지고 들어가셔서 우리를 위한 영원한 속량을 획득하셨습니다.

하나님께서 예수 그리스도의 피를 받으셨을 때, 공의의 요구가 만족된 것과, 인간이 사탄의 권세를 합법적으로 되찾아 올 수 있게 된 것과, 또한 하나님과의 교제가 회복된 것을 공표하셨습니다.

자기 자신을 제물로 드림으로써, 그리스도께서는 죄를 제거하셨습니다.

자기 자신을 제물로 드림으로써, 그리스도께서는 인간을 거룩하게 하셨습니다.

거룩하게 하다sanctify라는 말은 "따로 떼어놓다set apart", "분리하다separate"라는 의미입니다. 그분께서는 인간을 사탄의 왕국과 가족으로부터 분리하셨습니다.

부활 후에 마리아를 만나셨을 때(요 20:17), 그리스도께서는 이렇게 말씀하셨습니다. "나를 만지지 말라, 내가 아직 아버지께로 올라가지 않았다."

그때 그분께서는 자신이 치른 형벌의 표인 자신의 피를 가지고 아버지께로 가시는 길이었고, 그래서 사람의 손을 타실 수 없었던 것입니다.

대제사장으로서 예수님의 사역은 자신의 피를 가지고 성소에 들어가는 것으로 끝나지 않았습니다. 그분께서는 여전히 성소를 섬기는 사역자이십니다(히 8:2).

헬라어로 "성소Sanctuary"라는 단어는 "거룩한 것들 Holy things"을 의미합니다.

예수께서는 "거룩한 것들" 가운데 사역하고 계십니다. 이 "거룩한 것들"이란 우리의 기도와 경배worship;예배입니다.

우리는 그분께 어떻게 경배 드릴지를 잘 알지 못할 때도 있습니다. 그러나 주께서 우리의 다듬어지지 않은 간구와 경배를 아버지 앞에 아름답게 만들어 주십니다. 모든 기도와 모든 예배는, 예수 이름으로 드려질 때 아버지께 받아들여집니다.

그분은 자비가 충만하시고 신실하신 대제사장이십니다. 그분은 우리의 연약함을 동정하실 수 있습니다(히 4:14-16). 그분은 영원히 대제사장이십니다(히 6:20).

중재자 되신 예수

그리스도께서 아버지의 우편에 앉으셨을 때, 그분께서는 공의의 요구를 만족시키셨고, 하나님과 사람 사이의 중재자the Mediator가 되셨습니다.

예수는 두 가지 이유에서 사람의 중재자이십니다. 그분이 어떤 분인가 하는 것과, 그분께서 하신 일 때문입니다.

먼저, 예수님이 사람의 중재자이신 것은 그분의 본성으로 인한 것입니다. 그분께서는 하나님과 인간의 연합체union이십니다.

그분께서는 하나님과 동등하게 계셨던 분으로서, 인간의 형체를 가지셨습니다(빌 2:6-8).

그분께서는 하나님과 사람 사이의 간극을 메우셨습니다. 그분은 하나님과 같으시며, 동시에 사람과도 같으십니다.

그분께서는 하나님 앞에서 인간을 대표할 수 있습니다.

그러나 이는 하나님과 사람 사이를 중재하기 위한 충분한 근거가 되지 못합니다. 인간은 하나님 앞에 영원한 범죄자입니다. 사람은 하나님으로부터 떨어져나가서, 사탄의 심판 아래에 들어갔습니다.

그래서 두 번째 이유를 보아야 합니다. 예수는 그분께서 하신 일로 인해 사람의 중재자가 되십니다.

"이제는 그의 육체의 죽음으로 말미암아 화목하게 하사 너희를 거룩하고 흠 없고 책망할 것이 없는 자로 그 앞에 세우고자 하셨으니"(골 1:22)

"그리스도로 말미암아 우리를 자기와 화목하게 하시고"(고후 5:18)

하나님과 사람 사이에 중재자가 있다는 것은, 그 전에 먼저 하나님과 사람 사이에 화목reconciliation이 이루어졌다는 것입니다.

사람은 그의 영적 죽음의 상태 가운데서는 불의했습니다. 그러한 상태에 있는 동안에는, 그는 하나님께 접근할 수 없었습니다. 또한 어떤 중재자라도 마찬가지로 자신을 위해 하나님께 접근할 수 없었습니다.

그리스도께서 사람을 하나님 앞에 거룩하고 흠 없게 세우기 위하여, 십자가 죽음을 통하여 우리를 하나님과 화목케 하셨습니다. 그러므로 사람은 중재자이신 그리스도를 통하여 하나님께 접근할 권리를 가집니다.

인간이 타락한 때부터 예수께서 하나님의 우편에 앉으신 때까지, 그 어느 누구도 하나님께서 지명하신 제사장직을 통한 피 흘리는 제사나, 천사의 방문이나 꿈이 아니고서는 하나님께 접근할 수가 없었습니다.

그분 자신의 피를 드린 대제사장 사역으로 인해, 예수께서는 우리의 속량을 완성하셨고, 공의의 요구를 만족시키셨으며, 하나님께서 사람을 의롭게 하시고 사람에게 아들의 신분을 주시며 합법적으로 영생을 주는 일을 가능케 하셨습니다.

그분은 새 언약의 중재자이십니다(히 9:15).

예수께서는 지금 앉아 계십니다. 그분께서는 잃어버린 사람들을 하나님께 소개하는 대제사장이자 중재자이십니다. 사람은 새 중재자를 통해서만 하나님께 다가갈 수 있습니다.

한 번의 제사로 그분께서는 죄를 제거하셨고, 한 번의 행동으로 자신의 피를 지성소에 가지고 들어가셨습니다.

한 번의 행동으로 인해, 이제 모든 사람이 담대하게 휘장을 지나 아버지의 임재 안으로 들어가서, 그곳에 정죄 없이 설 수 있게 되었습니다. 이것이 히브리서 10:19의 선포입니다.

이 복된 진리를 교회가 이해하게 할 수 있다면 얼마나 좋을까요!

교회 안에 죄의식은 너무 많은 반면, 그리스도께서 완성하신 사역에 대한 의식은 너무 적게 가르칩니다.

우리는 그분의 외침을 듣습니다. "은혜의 보좌로 담대히 나아서 때를 따라 돕는 은혜를 얻으라!"(히 4:14-16)

저에게 이것은 마치 주님께서 이렇게 말씀하시는 것처럼 보입니다. "그만 울고, 그만 신음하여라. 사랑의 선물이 가득한 보좌에 기쁨으로 나와서, 너의 바구니를 축복으로 가득 채워라."

히브리서 10:12-13은 아버지의 임재 안에서 예수의 피로 속죄소(시은좌) 위에 드린 한 번의 제사가, 이제 그리스도를 구원자와 주님으로 받아들이는 사람들에게 이 모든 것을 가능하게 했다고 말씀합니다.

그분의 일은 다 끝났습니다. 아버지께서는 우리의 속량이 완성되었다고 생각하십니다.

중보자 되신 예수

대제사장으로서 예수는 자신의 피를 가지고 지성소로

들어가심으로, 자연적인 인간을 정죄하던 공의의 요구를 만족시키셨습니다.

또한 중재자로서 그분께서는 구원받지 못한 인간을 하나님께 소개하십니다.

예수님은 하나님께로 가는 길이시며, 누구도 그분을 통하지 않고서는 하나님께 다가갈 수 없습니다(요 14:6). 사람이 그리스도를 받아들이는 순간, 그는 하나님의 자녀가 됩니다. 그때 그리스도께서는 그를 위한 자신의 중보 사역을 개시하십니다.

예수는 죄인을 위해서는 중재자mediator이시며, 그리스도인을 위해서는 중보자intercessor이십니다.

우리가 가지는 첫 번째 질문은 이것입니다. "하나님의 자녀가 왜 자신을 위해 중보할 누군가를 필요로 하는가?"

우리는 그 답을 로마서 12:2에서 찾을 수 있습니다.

새로운 탄생 때에, 우리의 영은 하나님의 생명을 받습니다. 그 다음으로 필요한 것은 우리의 마음mind이 새로워지는 것입니다.

하나님의 가족 안으로 들어가기 전에, 우리는 자연적인 인간, 즉 사탄의 지배를 받는 인간으로 살았습니다. 사탄이 우리의 마음을 지배했습니다.

이제 우리의 영은 하나님의 생명을 받았지만, 우리의 마음은 하나님 자녀로서의 특권과 권리를 알기 위해서

반드시 새로워져야 합니다.

　새로운 탄생은 즉각적이지만, 우리의 마음이 새로워지는 일은 점진적인 과정입니다. 그 성장은 말씀 공부와 묵상에 달려 있습니다.

　이 기간 동안에 우리에게는 그리스도의 중보가 필요합니다.

　많은 경우 우리는 하나님의 뜻에 무지한 나머지 그분과의 교제를 손상시킵니다. 우리는 하나님께서 기뻐하지 않으시는 것들을 말하고 행할 때가 많습니다.

　그럴 때 우리는, 우리에게 치근대는 마귀의 괴롭힘으로 인해 다시 그분의 중보가 필요합니다.

　귀신들은 의 때문에 우리를 괴롭힙니다. 하나님께서 우리를 의롭다 선포하셨기 때문에, 그들은 우리를 싫어하고 두려워합니다.

　그러나 우리는 우리의 권세에 대해서 완전하게 배우지 않았기 때문에, 그들이 우리를 넘어지게 할 때가 많습니다.

　그럼에도 불구하고, 그분께서는 우리를 끝까지 구원하실 수 있습니다. 그분께서는 항상 살아계셔서 우리를 위하여 간구하시기 때문입니다(히 7:25).

　그 누구도 하나님의 자녀를 고소할 수 없습니다. 하나님께서 그를 의롭다고 선언하셨기 때문입니다. 그를 정죄할 수 있는 자는 아무도 없습니다. 예수께서 살아계셔서 그를 위하여 중보하십니다(롬 8:33-34).

변호자 되신 예수

우리는 우리의 중재자이신 그리스도를 통하여 아버지께 나왔습니다.

또한 우리는 우리를 위한 그분의 중보의 달콤한 영향을 느껴왔습니다. 그리고 이제 우리는 아버지 앞에서 우리의 변호자 되시는 그분에 대해 알기 원합니다.

오늘날 하나님과의 관계가 깨어진 채 살아가는 그리스도인들이 많습니다. 그런데 그들이 예수께서 그들의 변호자이심을 진작 알았다면, 그리스도 안에서 승리하는 삶을 살 수 있었을 것입니다.

우리의 새로워지지 않은 마음과 사탄의 핍박으로 인해, 우리는 때로 죄를 짓고 하나님과의 교제가 깨어지게 만들었습니다.

아버지와의 관계를 깨뜨린 하나님의 자녀들은 모두 정죄 아래 있습니다. 하나님 아버지 앞에서 그들의 상황을 변호할 변호자가 없다면, 그들은 비참한 상황에 놓이게 될 것입니다.

말씀은 우리가 죄를 짓더라도 아버지 앞에서 우리에게

한 변호자가 있음을 보여줍니다.

"변호자advocate"라는 단어의 의미를 생각해 보십시오. 웹스터 영어 사전에서는 다음과 같이 해설합니다. "법정에서 다른 사람의 소송 사건을 변론하는 자. 논박함으로써 소송 사건을 옹호하고, 혐의를 벗기고, 지지하는 자. 옹호자. 방어자. 돕도록 소환된 자."

"나의 자녀들아 내가 이것을 너희에게 씀은 너희로 죄를 범하지 않게 하려 함이라 만일 누가 죄를 범하여도 아버지 앞에서 우리에게 대언자advocate가 있으니 곧 의로우신 예수 그리스도시라"(요일 2:1)

요한일서 1:3-9은 하나님께서 우리와의 교제를 유지하시는 방법입니다. 만약 우리의 범죄함으로 교제가 깨어진다면, 우리는 우리 죄를 자백함으로써 교제를 새롭게 할 수 있습니다.

우리가 우리의 죄를 자백하지 않으면, 예수께서는 우리의 변호자 역할을 수행하실 수가 없습니다. 우리가 죄를 고백하는 순간, 예수께서는 우리의 사건을 가지고 하나님 아버지 앞에 서십니다.

말씀은 우리가 우리 죄를 자백하면, 그는 미쁘시고 의로우사 우리 죄를 용서하시며 우리를 모든 불의에서 깨끗하게 하실 것이라고 선언합니다. 즉, 모든 죄를 마치 전혀 짓지 않았던 것처럼 완전히 지워버린다는 뜻입니다.

그리스도인은 그들의 변호자이신 예수님에 대해 반드시 알아야 합니다. 하나님과의 교제에서 벗어난 많은 사람들은 그들의 죄를 여러 번 자백했지만, 교제가 회복되는 것은 몰랐습니다. 왜냐하면 그들은 예수께서 그들의 변호자이심을 몰랐기 때문입니다. 그들은 자신의 죄를 자백할 때, 용서를 붙잡지 않았습니다. 그들은 그들이 죄를 자백할 때 아버지께서 용서하신다고 선언한 말씀을 따라 행하지 않았습니다.

어떤 그리스도인이라도, 용서를 구했다면 더 이상 교제가 깨어진 상태로 남아 있어서는 안 됩니다.

아버지께서는 용서하시고 나서, 잊어버리십니다. 그분의 자녀는 자신의 죄들을 다시 생각함으로써 그분의 말씀을 모욕하는 일을 결코 해서는 안 됩니다.

보증이 되신 예수

예수께서는 우리의 개인적인 보증이 되십니다. 이는 예수께서 아버지의 우편에서 하시는 모든 사역 가운데 가장 핵심적인 일입니다.

옛 언약 때는, 대제사장이 보증이었습니다. 만약 그가 실패하면, 하나님과 이스라엘 사이의 관계가 단절되게 됩니다. 속죄의 피는 그 효력을 잃습니다.

새 언약 아래에서는, 예수께서 대제사장이시며, 새 언약의 보증이 되십니다.

이제 아버지 앞에서 우리의 위치는 절대적으로 안전합니다. 우리는 우리의 평생에 걸쳐 우리를 위하여, 하나님 우편에 한 분이 계심을 알고 있습니다.

그분은 아버지 앞에서 우리를 대표하고 계십니다.

그분은 언제나 아버지와 함께 할 신분을 가지고 있습니다.

언제나, 우리의 신분과 상관없이, 우리에게는 아버지 앞에서 우리를 대표하고 있는 분이 계십니다.

우리의 위치는 안전합니다.

13장
세 가지 중요한 단어

"면제remission**"**

이는 새 언약의 위대한 단어 중 하나입니다.

이는 마치 그 일이 전혀 일어나지 않았던 것처럼 완전히 지워버린다는 뜻입니다. 예를 들어 군대가 해산되면, 이는 없었던 상태로 돌아갑니다be remitted. 즉 더 이상 존재하지 않는 것입니다.

하나님께서 우리의 죄를 면제하셨을 때, 그 죄들은 마치 한 번도 범해지지 않은 것처럼 완전히 지워졌습니다.

"면제"라는 단어는 새로운 탄생과 관련되어서만 사용되고, 그 외에는 결코 쓰인 적이 없습니다.

그리스도인이 되고 난 후에는, 하나님과의 관계와

그리스도의 중보의 바탕 위에서 우리의 죄를 용서받습니다.

그러나 우리가 거듭나지 않은 죄인으로서 그분께 나와서 그리스도를 구원자로 받아들이고 주님으로 고백할 때는, 전에 행했던 모든 일들이 완전히 지워집니다.

새로운 탄생이 일어날 때, 지금까지 있었던 우리의 존재는 멈추고, 새로운 피조물이 옛 본성의 자리를 대신하는 것입니다.

그런데 에베소서에서 여섯 번이나 여덟 번 정도 "면제remission"라는 단어가 "용서forgiveness:사함"로 번역되었습니다.

"우리는 그리스도 안에서 … 그의 피로 말미암아 속량 곧 죄 면제the remission of our trespasses를 받았느니라"(엡 1:7, 저자 역)

골로새서 1:13-14, 누가복음 24:47, 사도행전 2:38, 26:18, 10:43도 읽어보십시오.

우리 죄의 면제는 첫 번째 언약 때에 아사셀 염소의 역할을 대신한 것입니다.

아사셀 염소는 일 년에 한 번 속죄의 피가 이스라엘 민족을 덮을 때, 그들의 죄를 떠맡았습니다.

우리의 죄들은 그리스도의 피에 근거하여 면제되고, 우리는 재창조되었습니다.

"용서 forgiveness"

용서는 관계적인 단어입니다.

저는 지금 새 언약의 관점에서 말하고 있습니다.

죄인이 그리스도를 구원자로 받아들이면, 그의 영은 재창조되고, 그의 죄들은 제거됩니다. 그러나 이것을 모르면, 그는 항상 죄를 인식할 것입니다.

하나님의 자녀 된 관계를 근거로, 또한 아버지 우편에서 하시는 예수님의 사역을 근거로, 그가 어떤 죄를 저지르더라도 용서받을 이유가 있습니다.

요한일서 1장과 2장은 이 위대한 주제인 용서를 다룹니다.

하나님의 자녀가 죄를 범하면, 그는 아버지와의 교제를 깨뜨리게 됩니다.

그는 아버지와의 관계를 깨는 것은 아닙니다. 다만 교제를 깬 것입니다. 마치 남편과 아내가 서로 불친절한 말을 주고받을 때 그러하듯이 말입니다. 그런 말은 가정 내의 교제를 깨뜨립니다. 그러나 그들은 용서를 구함으로써 교제를 회복할 수 있습니다.

우리는 용서를 할 수가 있습니다.

그리스도인과 하나님 아버지 사이도 마찬가지입니다.

우리가 범죄하는 순간, 아버지와의 교제는 깨어집니다.

그러나 만약 우리가 우리 죄를 자백하면 그분은 신실하시고 의로우셔서 우리 죄를 용서하시며, 우리를 모든 불의에서 깨끗하게 하십니다.

"나의 자녀들아 내가 이것을 너희에게 씀은 너희로 죄를 범하지 않게 하려 함이라 만일 누가 죄를 범하여도 아버지 앞에서 우리에게 대언자가 있으니 곧 의로우신 예수 그리스도시라…"(요일 2:1-2)

"의로우신the righteous"이라는 이 놀라운 표현이 경이로운 은혜 안에 싸여 있습니다.

"속죄atonement"

첫 언약에는 우리가 모세의 율법이라 부르는 법이 있었고, 제사장직이 있었으며, 희생제와 규례들이 있었습니다.

율법이 깨어졌을 때(영적으로 죽은 이스라엘 백성은 필연적으로 율법을 깨뜨릴 수밖에 없었습니다) 제사장은 그들을 위하여 속죄, 또는 죄 덮음을 하도록 지시받았습니다.

그들에게는 영생이 없었습니다. 예수께서 오셔서 그들을 속량하시기 전에는 그 생명이 올 수 없었습니다. 예수께서는 "내가 온 것은 너희가 생명을 얻게 하고 더 풍성히 얻게 하려는 것이다"라고 말씀하셨습니다.

영생을 받는 것은 인간이라는 존재가 경험할 수 있는 가장 위대한 사건입니다.

대속죄일에 우리는 두 가지 주목할 만한 일이 벌어지는 것을 봅니다.

첫째는, 미리 예방조치[2]를 취한 대제사장이 무죄한 동물의 피를 가지고 지성소로 들어가서, 깨어진 율법을 덮고 있는 속죄소(시은좌) 위에 그 피를 뿌리는 것입니다.

이제 이스라엘은 일 년간 피로 덮였습니다.

레위기 17:11은 피 안에 생명이 있기 때문에 피가 죄 덮음 또는 속죄로 드려졌다고 말씀합니다.

무죄한 동물의 생명이 영적으로 죽은 이스라엘을 대표하여 그들 위에 뿌려졌습니다.

그 다음은 아사셀 염소입니다. 아론은 이스라엘의 죄들을 아사셀 염소의 머리에 얹고, 그를 광야로 내보내어 야수에게 잡아먹히게 합니다.

일 년간, 피에 덮인 그들은 자유하고, 그들의 죄들은 염소가 가져가 버렸습니다.

---

[2] 레 16:11-13 (역자 주)

14 장

사중 축복

　새 언약에는 사중의 축복이 있습니다.

　새 언약에 따른 첫 번째 복은 의입니다. 하나님께서는 새 언약의 모든 일원들에게 의를 전이해 주십니다.

　당신이 예수 그리스도를 구원자로 받아들이는 순간, 당신은 거듭나며, 또한 그 순간에 하나님께서는 당신에게 의를 전이해 주십니다. 그 의는 당신에게 예수님께서 아버지의 임재 가운데 가지시는 것과 동일한 신분을 주게 됩니다.

　우리는 이것을 전혀 몰랐고, 또 두려워했습니다.

　그러나 이 책을 계속 읽다보면 당신은 곧 의에 사로잡힐 것이고, 의를 이해하게 되며, 마침내 예수님처럼 행동하는 사람들이 일어나게 될 것입니다.

　그는 아버지 앞에 아무런 열등감이 없습니다. 왜냐하면

죄의식이 없기 때문입니다.

만약 당신이 정말 성경을 믿고, 하나님께서 당신의 의가 되심을 믿는다면, 또한 당신이 그리스도 예수 안에서 창조된 새로운 피조물임을 믿는다면, 당신은 죄의식을 전혀 갖지 않게 될 것입니다.

그분께서 자신을 제물로 드리심으로써 당신의 죄를 치워버리셨습니다. 당신은 앞으로 무언가 옳지 않은 일을 할 때만 죄의식을 갖게 될 것이며, 그때 그리스도의 보혈과 예수님의 변호를 활용하게 될 것입니다.

마틴 루터의 선언 이래로, 우리가 한 일은 하나뿐이었습니다! 우리는 죄에 대해 실제보다 확대하였고, 또한 마귀에 대해 설교했습니다. 우리는 우리 자신의 악함과 불의에 대하여 설교해왔고, 목사든 평신도든 자신을 먼지 속의 불쌍하고 연약한 벌레로 밖에는 감히 다르게 생각할 수 없도록, 계속 그렇게 해왔습니다!

당신은 복음 전도자들이 해온 일을 아실 것입니다. 그들에게는 초청 교회에서 복음 전도자로서의 명성을 얻기 위해 기대하는 결과가 있습니다. 즉 그들은 모든 성도가 정죄감을 느끼고 회개하러 강대상으로 나오게 하려고 설교합니다.

우리는 지금껏 완전히 불신앙을 가르쳐왔습니다! 우리는 복음만 쏙 빼고 다른 것만 가르쳐왔습니다.

복음이란 무엇입니까?

복음이란, 예수 그리스도의 대속적 희생으로 인해 하나님께서 예수님을 의롭다고 선포하실 수 있게 된 것과, 우리가 그런 예수를 믿는 순간 예수께서 친히 우리의 의가 되신다는 것입니다.

당신이 주 예수 그리스도를 믿는 그 순간 전능하신 하나님께서 당신의 의가 되셨다는 것, 이것은 인간이 알 수 있는 가장 놀라운 사실입니다.

당신이 하나님이나 사탄 앞에 아무런 열등의식 없이 예수님처럼 행하는 것을 배운다면, 당신은 세상을 완전히 깜짝 놀라게 할 믿음을 갖게 될 것입니다!

오늘날 우리의 믿음을 방해하는 것이 무엇인지 아십니까?

우리는 주님께 나아갑니다. 그러나 우리는 그곳에 나아가기 전에 먼저 마귀의 말에 귀를 기울입니다. 그래서 우리는 열등감을 가지고, 마귀의 메시지가 귓가에 맴도는 상태로 주님께 나아갑니다!

그리스도인 전체가 사탄을 두려워하며, 감히 자신이 자유하다고 말하지도 못하고, 사탄을 대면하지도 못합니다.

하나님의 의는 사탄이 있는 곳에서도 당신을 두려움 없게 만들어 줍니다.

그러나 우리는 예수 그리스도의 사역의 효력을 빼앗아 버렸고, 원수 앞에 아무 능력 없이 서 있습니다. 왜냐하면 우리는 하나님의 말씀의 완전무결함을 의심해왔기 때문입니다.

하나님의 의가 당신에게 전이되었습니다. "경험"으로서가 아니라, 법적인 사실로서 말입니다.

이는 하나님께서 바울의 계시를 통해 주신 것 중 가장 엄청난 진리이며, 하나님께서 우리를 그분 자신처럼 만들어 주셨다는 이 사실은 새 언약의 핵심입니다.

당신은 하나님의 형상과 모양대로 만들어진 존재가 아닙니까?

그 형상이 곧 의의 형상입니다.

하나님께서 당신을 의롭다고 선언하셨다면, 당신이 스스로를 정죄할 일이 대체 무엇이겠습니까?

새 언약이 가져온 또 다른 축복은 하나님과의 연합입니다.

두 사람이 서로의 피를 마실 때, 그들은 하나, 완전한 하나가 됩니다.

아브라함과 하나님이 피의 언약을 맺었을 때, 그들은 하나가 되었습니다.

"나는 포도나무요 너희는 가지라"(요 15:5)

당신은 그리스도의 동역자입니까? 당신은 그리스도

안에 거하고 있습니까? 그리고 그리스도께서 당신 안에 거하고 계십니까?

바울은 이렇게 말했습니다. "이제는 내가 사는 것이 아니요 오직 내 안에 그리스도께서 사시는 것이라"(갈 2:20)

성육신이란 곧 우리와 하나가 되신 하나님이셨습니다.

피 언약으로 인해 바울은 자기 자신을 부인하고, 그리스도가 자신의 생명이심을 철저하게 인정하게 되었습니다. 이 언약 때문에 그리스도께서 영광을 떠나 우리와 하나가 되기 위해 이 땅에 오신 것입니다.

이제 우리는 지옥이 있는 곳이나 마귀가 있는 곳에서도, 마치 보잘것없는 열등한 존재 앞에 있듯이 두려움 없이 설 수 있습니다.

예수께서 우리를 위해 사탄을 만나 그를 정복하지 않으셨습니까? 그분께서 사탄과 그의 권세를 다 박탈하지 않으셨습니까? 그분께서 사탄을 무장해제시키시고, 무력화시키지 않으셨습니까?

마귀보다 더 크신 분이 우리 안에 계십니다.

우리가 왜 마귀를 두려워해야 합니까?

세상 앞에 정복자로서 서지 않을 이유가 무엇입니까?

당신은 전능하신 하나님과 피 언약의 관계에 있습니다.

거듭났을 때, 당신은 그 언약으로 들어갔습니다.

설명을 드리겠습니다.

다윗의 강한 용사들에 대해 아실 것입니다. 그들은 그리스도인의 예표였습니다. 그들 중 한 명이 하루에 혼자 800명을 죽였습니다.

다윗은 말했습니다. "하나가 천을 쫓으며, 둘이 만을 도망하게 하리라."

이것이 피 언약의 사람들입니다!

다윗이 하나님과의 언약 가운데 행하는 한, 그의 용사 중 단 한 명도 죽임을 당하지 않았습니다.

당신은 신성한 본성의 동참자입니까? 그렇습니다.

당신은 하나님의 자녀입니까? 그렇습니다.

하나님께서 당신에게 그분의 의를 주셨습니까? 그렇습니다.

하나님께서 당신의 의가 되십니까? 분명히 그렇습니다.

그렇다면, 하나님께서 당신에게 예수 이름을 사용할 합법적 권리를 주셨습니까? 확실히 그렇습니다.

당신이 어떤 종류의 사람인지 알고 계십니까?

당신은 약골이 아닙니다. 당신은 하나님의 아들(예수)처럼 서 있습니다. 당신은 하나님의 자녀입니다.

이제 문제는 딱 하나입니다. 우리가 잘못된 가르침들의 영향을 극복해야만 한다는 것입니다.

수 세대에 걸쳐, 그들은 우리를 죄인들로 만들어왔고, 죄인을 대하듯이 말해왔습니다.

옛 찬송은 거의 대부분 아름답게 시작하지만, 끝에는 우리가 불쌍한 약골들이고, 죄 가운데 살고 있으며, 속박 아래 있다는 고백으로 마무리됩니다. 그들은 우리를 그런 수준에 계속 가두어 두었습니다.

우리는 그리스도를 거의 제대로 알지 못하고 있습니다.

이 계시의 목적

이 계시의 목적은 무엇입니까? 우리가 참으로 예수 그리스도 안에 있다는 것을 우리에게 알려주는 것입니다.

당신은 이렇게 말합니다. "좋습니다, 케넌 박사님. 하지만 제가 얼마나 연약한지 아신다면 말이에요…"

무슨 말을 하시는 겁니까?

히브리서의 논점과 결론이 무엇입니까?

"믿음의 창시자요 완성자이신 예수를 바라봅시다." (히 12:2, 새번역)

당신 자신을 바라본다면, 당신은 아무것도 될 수 없습니다. 마치 베드로처럼 말입니다.

그가 예수님과 함께 파도 가운데 걷기 시작했을 때에는 가라앉지 않았습니다. 그러나 그가 난폭한 파도에 주목한 순간, 그는 가라앉았습니다.

당신은 전능하신 하나님과 연결되어 있습니다.

"내가 하나님의 아들의 이름을 믿는 너희에게 이것을 쓰는 것은 너희로 하여금 너희에게 영생이 있음을 알게 하려 함이라"(요일 5:13)

이는 당신에게 하나님 앞에서의 합법적인 지위를 주고, 언약 안에서의 위치를 줍니다.

겸손하게 말씀드립니다. 내가 이해하는 주 예수 그리스도의 복음에 있어서 주께서 내게 주신 비전은, 믿는 자들이 하늘의 모든 능력과 영광과 힘을 원하는 대로 쓸 수 있게 되었다는 것입니다.

이는 이 세상이 본 중 가장 기적적인 일입니다.

나는 마지막 때에 하나님의 능력이 드러나고, 많은 무리들이 일어나게 될 것을 믿습니다.

로마서 5:17의 웨이머스 번역은, 우리가 그리스도 안에서 생명의 영역에서 왕들처럼 다스린다고 말합니다.

우리는 그리스도처럼, 그리스도와 함께, 완전하게 다스려야만 합니다.

어떻게 다스릴까요? 믿음으로 하는 것입니다.

그분께서 우리에게 주시는 도전

하나님께서 당신의 의가 되십니까?

이렇게 말하는 경우가 있습니다. "저는 그분께서 나의 의가 되시도록 노력하고 있습니다."

당신이 하나님을 당신의 의가 되게 할 수가 있습니까?

예수 그리스도를 믿는다면, 그분께서 지금 당신의 의이십니다.

그러므로 나가서 행하십시오. 과감하게 당신 안에 계신 하나님을 풀어놓으십시오.

15 장

속량은 하나님께서 마련하신 것이다

사탄이 완성한 일의 끔찍한 장면으로 인해, 우리의 심령은 울부짖습니다. "누가, 대체 누가, 이런 곤경에서 인간의 필요를 만족시킬 수 있단 말인가?"

하나님께 감사하게도, 답이 있습니다.

하나님께서는 인간의 상태를 보시고, 즉시 인간의 속량을 위한 대비책 마련에 착수하셨습니다.

그분께서는 인간이 그 자신을 속량할 수 없음을 아셨습니다. 그분께서는 인간에게는 하나님께 접근할 수 있는 능력이 전혀 없다는 것을 아셨습니다.

그리하여, 하나님께서는 먼저 아브라함의 언약을 주셨습니다. 아브라함의 언약과 함께, 아브라함의 후손은 한 민족이 되었습니다. 하나님께서는 그들에게 언약의 법과,

언약의 제사장직과, 언약의 속죄와, 언약의 제사와 예물을 주셨습니다.

이 모든 것들은 한 민족을 준비하기 위하여 주어진 것이었습니다. 이 민족으로부터, 성육신하신 분God-Man이 오셔야 했고, 또한 그분은 다음과 같은 것들을 깨뜨리셔야만 했습니다.

첫째: 사탄의 능력을 깨뜨려야 했습니다. 또한 인간을 사탄의 속박으로부터 속량하고, 인간이 아버지의 임재 가운데 설 수 있는 발판인 의를 회복시키셔야 했습니다. 이 의는 적어도 타락 전의 아담이 가졌던 것보다는 더 나은 것으로, 그리하여 모든 죄와 죄책감을 인간으로부터 제거할 수 있게 됩니다.

둘째: 사탄의 통치를 깨뜨려야 했습니다. 그리하여 인간을 완전히 속량하고 사탄의 통치를 완벽히 산산조각내서, 마귀의 가장 연약한 노예가 이 회복된 의에 동참자가 되게 하고, 인간이 옛 세대의 통치자인 사탄을 이기는 승리의 삶을 살 수 있게 하는 것입니다.

이 성육신하신 분은, 하나님께서 인간에게 잃어버린 의를 합법적으로 회복하시고 완벽한 속량을 주실 뿐만 아니라, 인간은 상상할 수도 없는 가장 강력한 일, 즉 인간을 새로운 피조물New Creation로 만드는 일을 행하실 수 있도록 이런 완벽하고 완전한 희생제를 드리셔야 했습니다.

정말입니까?

네, 그렇습니다! 하나님께서는 인간을 새로운 피조물로 만드시고, 그분의 본성을 인간에게 전이하셔서, 이 비굴한 두려움의 본성과, 죄의 본성과, 사탄의 본성을 몰아내십니다.

이 거대하고 영광스럽고 놀라운 하나님의 본성이 우리가 하나님의 임재 안에 있을 때 그분의 은혜와 사랑의 타오르는 빛 아래 계속 우리와 함께 합니다.

우리는 그분의 사랑의 충만함이 우리의 존재 가운데로 쏟아져 들어와서 다시 우리의 놀라우신 아버지께로 흘러가기까지, 태양 아래 활짝 핀 장미처럼 심령을 활짝 엽니다. 우리는 그분의 사랑받는 자녀들입니다.

독자 여러분, 당신은 기적 중의 기적인 하나님의 은혜 가운데 서 있습니다. 그 은혜가 잃은 바 된 인류를 회복하시고, 이기심과 연약함과 두려움의 궤도로부터 빠져나오게 하여, 믿음과 사랑과 하나님의 생명의 영역 가운데로 되돌아오게 하셨습니다.

그분께서는 합법적으로 의를 회복하시고, 합법적으로 우리를 속량하시고, 합법적으로 우리를 새로운 피조물로 만드실 뿐 아니라, 또한 모든 새로운 피조물 각각에게 합법적으로 성령을 주실 수 있습니다.

예수를 죽은 자로부터 일으키신 이 위대하고 능하신

성령께서, 실제로 우리의 몸 안으로 들어오셔서 우리의 몸을 그분의 집으로 삼으실 수 있습니다. 그리하여 우리의 심령은 이러한 찬송을 속삭이고, 노래하며, 부르기 시작합니다. "세상에 있는 자보다 더 크신 분이 내 안에 계시다."

이 찬송의 날개를 타고 우리는 이성의 영역을 빠져나가서 믿음이 통치하고 예수께서 주님이 되시는 사랑의 영역 가운데로 믿음으로 솟아오릅니다.

그분께서는 이런 일만 하신 것이 아니라, 또한 그분의 이름을 사용할 수 있는 합법적인 권세를 우리에게 주셔서, 우리가 사탄을 쫓아내고, 병든 자에게 손을 얹어 낫게 하며, 사탄의 목적들을 패배시킬 수 있게 하십니다.

오, 우리는 그 이름을 가졌습니다. 그 이름이 우리를 예수님처럼 만들어 줍니다.

당신이 그 이름으로 살고, 그 이름으로 행할 때, 마귀는 당신을 예수님과 구별할 수가 없습니다.

당신은 예수님처럼 보입니다. 당신은 그분의 의로 옷 입었습니다. 당신은 그분의 생명으로 가득 찼습니다.

그분의 이름이 당신에게 새겨져 있습니다.

아, 그러나 그분께서 하신 일은 이것만이 아닙니다.

그분께서는 우리에게 계시를 주셨습니다. 우리는 그것을 말씀이라고 부릅니다. 이 말씀은 성령의 말씀입니다.

예수를 죽은 자들로부터 살리신 이 위대하고 능하신 성령께서, 당신 안으로 들어오셨습니다.

이제, 성령께서는 인간의 입술을 통하여 말씀을 행사하시고, 지옥의 방대한 군대를 정복하십니다.

당신은 예수 그리스도와의 교제와 회복된 의 가운데로 부름 받은 하나님의 자녀입니다. 당신은 자유와 해방을 되찾았습니다. 당신은 살아있는 하나님의 말씀을 가지고, 또한 내주하시는 성령을 모신 새로운 피조물입니다.

당신은 아담이 꿈꾸었던 것보다 훨씬 풍성한 교제를 갖고 있습니다.

그리고 사탄이 죽게 만들었던 이 몸은, 예수께서 오실 때 불멸을 받게 되고 다시는 죽지 않을 것입니다.

죽음은 결코 우리를 위협할 수 없고, 우리를 두려움으로 채울 수 없습니다.

우리는 이제 그분의 완벽함의 모든 충만하심 가운데 온전하게 서 있습니다.

진주로 된 문[3]이 열릴 때, 그분의 사랑의 대상이자, 그분의 사랑의 노예이자, 그분께서 영원히 속량하신 우리는, 우리 주께서 영원한 보좌 위에 앉아 계신 것을 보게 될 것입니다.

---

3) 계 21:21 (역자 주)

16장

그분의 발 아래

이것은 그리스도의 속량 사역의 클라이맥스입니다.

우리는 부활 후에 모든 통치와 모든 권세를 가지고, 우주의 가장 높은 자리로 높여지셔서, 모든 능력을 그분의 발 아래 두신 예수를 보았습니다(엡 1:19-23).

우리는 골로새서 1:18을 통해 우리가 그분의 발이자, 그분의 몸인 것을 알고 있습니다.

그분의 발 아래 있는 모든 것은 우리 아래 있는 것입니다.

그분의 승리가 우리의 승리입니다.

그리스도께서 이 땅에 오신 것과, 우리의 속량을 위한 엄청난 싸움에 참여하신 것은 순전히 우리를 위한 것이지 다른 이유가 없었습니다.

그분께서는 자신을 위해 그 일을 하지 않으셨습니다.

그리고 그분께서 우리를 위해 하신 일이 곧 우리의 것입니다. 이미 우리의 것이므로, 그저 붙잡고 취하기만 하면 되는 것입니다.

하나님께서는 이 일을 극소수에게만 베풀려고 멀리 숨겨놓고 막아놓지 않으셨습니다.

그분의 속량으로 우리에게 완벽한 의가 주어졌습니다(고후 5:21).

이 의는 우리로 하여금 은혜의 보좌로 담대히 나아가게 합니다.

이 의는 우리로 하여금 그리스도 안에서 우리의 권리들을 완전히 누리게 합니다.

이 의는 로마서 4:25과 5:1에 근거합니다. "그러므로 우리가 믿음을 근거로 의롭다 하심을 받았으니 우리 주 예수 그리스도로 말미암아 화평을 누리자"

예수께서 십자가에서 하신 일과 그분의 죽음과 부활을 통하여, 우리는 화목케 되었습니다.

그분께서 부활하신 것은 그분께서 우리의 원수를 정복하셨기 때문입니다.

그분께서는 우리를 속박 가운데 붙잡고 있던 자들을 무효로 만들어 버리셨습니다.

"통치자들과 권세들을 무력화하여 드러내어 구경거리로 삼으시고"(골 2:15)

우리는 아버지께서 우리의 속량을 계획하신 것을 압니다(요 3:16).

예수께서 그 계획을 수행하셨습니다(엡 1:7, 벧전 2:24).

"진실로 진실로 너희에게 이르노니 믿는 자는 영생을 가졌나니"(요 6:47)

내가 영생을 가졌다면, 나는 치유를 가진 것입니다.

(속량 계획 안에 있는 치유에 대한 완벽한 설명을 읽고 싶다면, 우리의 책『치유자 예수 Jesus the Healer』를 구해 보십시오. 수많은 사람들이 그 책을 읽는 동안 치유되었습니다.)

내게 능력 주시는 그리스도 안에서 내가 모든 것을 할 수 있도록, 나의 모든 필요는 채워집니다.

고군분투는 없습니다. 고뇌에 찬 길고긴 기도도 없습니다. 뭔가를 얻기 위해서 금식할 필요도 없습니다.

모두 나의 것입니다!

에베소서 1:3은 하나님 아버지께서 모든 신령한 복으로 우리에게 축복하셨다고 말씀합니다.

나는 그것을 어떻게 가질 수 있을까요?

주신 것을 아버지께 그저 감사하는 것입니다. 감사는 축복의 문을 활짝 열어젖히고, 찬양은 그 문을 계속 열어 둡니다.

수년간 우리는, 응답을 받기 위해서는 신음하고 몸부림

치고 울부짖고 기도하며 "견뎌야만" 한다고 배웠습니다.

그러나 이 모든 것들은 불신앙의 소산이며, 우리가 하나님의 말씀과 그리스도 안에서 우리의 권리에 대해 무지하여서 생겨난 것들입니다.

만약 "모든 것이 우리 것"이라는 고린도전서 3:21 말씀이 옳다면, 또한 "우리는 그 안에서 온전하게 되었다"는 골로새서 2:10 말씀과 "만물이 그의 발 아래 있다"는 에베소서 1:22 말씀과, 사탄은 정복당했으며 우리는 우리를 사랑하는 이로 말미암아 승리자 이싱이라는 말씀이 옳다면, 어찌 우리가 구걸하고 울부짖겠습니까?

그것은 하나님 아버지를 모욕하는 일입니다.

17 장

"내 이름으로"

우리는 통치의 시대로 들어가고 있습니다. 우리는 우주가 존재하도록 말씀하신 분의 지혜와, 삶의 모든 위기에서 예수 이름을 사용할 합법적 권리를 가지고, 전능자와 동맹이 되어 세상에 있는 자보다 더 크신 분으로 충만한 상태로 통치합니다.

"너희가 내 이름으로 무엇을 구하든지ask 내가 행하리니 이는 아버지로 하여금 아들로 말미암아 영광을 받으시게 하려 함이라…"(요 14:13-14)

이것은 기도가 아닙니다.

기도할 때 그분의 이름을 사용하는 것에 대한 약속은 위 구절이 아니라 요한복음 15장과 16장에 제시되어 있습니다. 이는 사도행전 3장에서 베드로가 성전 미문에서 사용했던 권세입니다.

그는 그 이름을 사용했습니다. "나사렛 예수 그리스도의 이름으로 걸으라."

그러자 날 때부터 걷지 못했던 남자가 완벽하게 치유되고 발에 힘을 얻었습니다.

예수께서는 이렇게 말씀하셨습니다. "너희가 내 이름으로 무엇을 요구demand하든지(구하다ask라는 단어는 요구하다demand라는 뜻입니다) 내가 행하리니"

한번은 유방암에 걸린 여성이 나를 찾아왔습니다. 일 년 반 동안 고름이 나오고 있었고, 극도의 통증이 계속되어 그녀를 괴롭혔습니다.

나는 예수 이름으로 암에게 죽으라고 명령했습니다. 다음 날 그녀는 다시 와서 암이 사라졌다고 말했습니다. 더 이상 아무런 통증이 없었습니다.

악성 섬유종을 가진 다른 사람이 찾아왔습니다. 그도 예수 이름으로 치유되었습니다.

폐결핵과 관절염과 암도 예수 이름을 사용하자 패배했습니다. 그 어떤 질병이나 연약함도 그 이름에 저항하여 버틸 수가 없습니다.

"내 이름으로 그들이 귀신을 쫓을 것이다."

기도하지 않았습니다. 우리는 이 묶이고 고통 받는 사람들에게 가서 단지 이렇게 말했습니다. "예수 이름으로 명하노니, 사탄아 너는 이 몸에서 떠나라! 모든 귀신을

다 데리고 너희 집 지옥으로 돌아가라!"

사탄은 자신이 패배한 것을 알고 있으며, 우리가 예수 이름을 사용할 때 그는 반드시 떠나야만 합니다.

"내 이름으로 아버지께 무엇을 구하든지ask 다 받게 하려 함이라"(요 15:16)

반면 이것은 기도입니다.

앞서 "구하다ask"라는 단어가 헬라어로 "요구하다demand"라고 했습니다.

당신이 요구하는 대상은 하나님이 아닙니다. 당신은 유해한 세력들에게 파괴되라고 요구하고, 질병들에게 치유되라고 요구하고, 환경에게 변화되라고 요구하고, 돈에게 오라고 요구하는 것입니다.

그러면 예수께서 당신이 그분의 이름으로 요구하는 그것들을 처리하실 것입니다.

요한복음 16:24-27을 주의 깊게 읽어보면, 예수 이름을 사용할 수 있는 당신의 합법적 권리에 대해 살짝 보게 될 것입니다.

"지금까지는 너희가 내 이름으로 아무 것도 구하지 아니하였으나 구하라ask 그리하면 받으리니 너희 기쁨이 충만하리라"

여기에 "믿다" 또는 "믿음"이라는 단어가 언급되지 않는 것에 주목하십시오.

예수 이름을 사용하는 것에 대한 위대한 약속들이 언급되는 놀라운 세 개의 장(요 14-16)에서 모두, "믿음"이나 "믿다"라는 단어가 등장하지 않습니다.

우리는 하나님의 가족에 속해 있고, 그렇기 때문에 우리는 이러한 것들에 대한 합법적 권리를 갖는 것입니다.

에베소서 1:3이 이를 보여줍니다. "찬송하리로다 하나님 곧 우리 주 예수 그리스도의 아버지께서 그리스도 안에서 하늘에 속한 모든 신령한 복을 우리에게 주시되"

이것이 예수께서 우리를 위해 하신 일입니다.

"예수 이름을 사용하는 법"

이는 우리 각 사람에게 있어 가장 핵심적인 진리입니다. 내가 이 문제를 연구하게 되었다니!

예수 이름은 크게 두 가지 방법으로 사용되었습니다. 첫째는 하나님 아버지께 기도할 때입니다.

"내 이름으로 아버지께 무엇을 구하든지ask 다 받게 하려 함이라"(요 15:16)

기도는 아버지께, 예수 이름으로 드려져야 합니다. 성령님이나 예수님께 기도하는 것이 아닙니다. 이것이 하나님의 지시입니다.

당신의 판단이나 나의 판단이나 다른 어떤 사람의

의견도 중요하지 않습니다.

"너희가 기도할 때, 우리 아버지께 하라." 예수께서는 우리의 기도를 이루기 위해 중재자적인 대제사장 사역을 수행하며 우리와 하나님 아버지 사이에 서 계십니다.

예수께서는 우리가 예수 이름으로 무엇을 구하든지 아버지께서 주실 것이라고 선언하셨습니다. 이것은 변경할 수 없는 절대적인 최종 선언입니다.

요한복음 14:13-14에서 예수께서는, 질병이나 불리한 상황이나 위기 가운데에서 그분의 이름을 사용하는 법을 말씀하십니다.

저는 예수 이름을 이렇게 사용합니다. 결핵에 걸린 경우를 예로 들겠습니다. 저는 그에게 손을 얹고 이렇게 말합니다. "예수 그리스도의 이름으로, 육체는 말씀에 복종하여라. 말씀은 '그가 채찍에 맞으심으로 너는 나음을 입었다'라고 선언한다. 내가 명하노니, 결핵의 영은 이 몸에서 지금 나가라."

그러면 질병의 귀신은 떠나가고, 그 사람은 치유됩니다.

"오늘 그 이름을 사용하라"

당신은 오늘날 교회가 왜 예수 이름을 사용하지 않는지 의아할 것입니다.

그 이름을 사용하는 것에 대해 사탄이 우리의 눈을 가려 왔습니다.

이곳 시애틀에서도, 예수 이름을 일상적으로 사용하는 교회는 매우 드뭅니다. 환자는 으레 병원에 가서 의사의 진찰을 받습니다.

그러나 놀랍게도 우리 성도들 가운데는 질병이 거의 없습니다. 만약 있다면, 그들은 서로를 위해 기도하고, 즉시 치유됩니다.

사도행전 4:13-22는 베드로와 요한이 예수 이름으로 병자를 치유한 것으로 인해 재판받는 장면입니다.

"또 병 나은 사람이 그들과 함께 서 있는 것을 보고 비난할 말이 없는지라 … 이것이 민간에 더 퍼지지 못하게 그들을 위협하여 이 후에는 이 이름으로 아무에게도 말하지 말게 하자 하고"

왜 그랬습니까?

그들은 부활이나 새로운 탄생을 가르치는 것은 반대하지 않았습니다.

그러나 예수 이름으로 가르치는 것은 반대했습니다. 왜냐하면 그 이름에 치유의 능력이 있었기 때문입니다.

히브리서 13:8은 예수 그리스도께서 어제나 오늘이나 영원토록 동일하시다고 선포합니다.

예전에 그 이름에 있었던 동일한 능력이 지금도 있습

니다. 이것은 믿음의 문제가 아닙니다. 다만 병든 자에게 손을 얹을 수 있는 당신의 담대함의 문제입니다. 그러면 그들이 치유되는 것을 볼 것입니다.

  이것은 당신이 아버지께 예수 이름으로 과감하게 기도할 수 있느냐의 문제입니다. 그러면 그 기도의 결과로 기적이 있을 것입니다. 당신의 피 언약의 권리 위에 서십시오. 그 이름을 과감하게 사용하십시오!

18장
성찬식의 가르침

하나님 아버지와 예수님께는 두 가지 두드러진 특징이 있습니다. 이는 단지 특징의 차원을 넘어, 그들 존재의 일부입니다.

하나님은 사랑이십니다. 그분은 사랑의 하나님이실 뿐 아니라, 아버지 하나님이십니다.

그분께서는 이 우주만물이 존재할 것을 믿으셨습니다. 인간이 잃은 바 되었을 때, 그분께서는 인간을 되찾아 올 수 있음을 믿으셨고, 사랑의 도전이 인간에게 닿게 될 것을 믿으셨습니다.

그분께서는 인간이 새로운 피조물이 될 것을 믿으셨고, 또한 인간이 승리가 될 것을 믿으십니다. 그분께서는 인간이 서로 사랑하는 삶을 살게 될 것을 믿으십니다.

하나님은 아버지 하나님이십니다. 예수님은 그분의

아버지를 닮으셨습니다. 그분은 이 세상에 사랑을 소개하신 분이셨습니다.

예수님은 그분의 아버지를 소개하고, 또한 그 아버지께서 사랑이심을 소개하기 위해 오셨습니다. 깨어지고 파괴된 인류에게 새로운 종류의 사랑을 소개한 것입니다.

사랑은 인간에 대해 유일한 보편적 호소입니다. 사랑은 인간의 심령에 대한 호소입니다. 믿음은 인간의 상상에 대한 호소이지만, 사랑은 실제의 호소the real appeal입니다.

예수님은 너무 사랑하셔서, 우리를 위해 자신의 생명을 쏟아 부으셨습니다.

예수님은 아버지께서 믿으셨던 바를 믿으셨습니다. 예수님께서는 자신의 믿음을 행하셨습니다. 그분께서는 만약 자신이 인간의 대속물이 된다면, 인간이 반응할 것이고, 또한 자신이 인간을 너무나 사랑하여서 그들을 위해 죽고 또한 그들을 위해 저주받은 자의 고통을 당했음을 세상에 증명할 수 있다면, 반응이 있을 것이라고 믿으셨습니다.

그분께서는 자신의 믿음을 행동으로 취하셨습니다. 그분께서는 오늘날 인간에 대한 믿음을 가지고 계셨습니다. 그분께서는 교회에 대한 믿음을 가지고 계셨습니다. 그분께서는 그분 자신과, 그분의 살아있는 말씀이 이기고야

말 것에 대한 믿음을 가지고 계셨습니다.

그분께서는 사랑에 대한 믿음을 가지고 계셨습니다.

예수님을 주신 것이 아버지의 사랑의 고백이듯이, 성찬식은 사랑에 대한 우리의 믿음과 우리의 충성의 고백입니다. 예수께서 오신 것과 우리를 위해 자신을 내어주신 것은 그분의 사랑의 고백이었습니다.

그들은 모두 사랑에 충성되었습니다.

예수께서 이런 중요한 말씀을 하셨습니다. "너희가 이 떡을 먹으며 이 잔을 마실 때마다, 나의 죽음을 내가 올 때까지 전하는 것이다."

이것은 언약이었습니다. 그분께서 말씀하셨습니다. "이것은 나의 새 언약의 피다." 당신이 잔을 마실 때마다, 당신은 그분께서 오실 때까지 그분의 언약에 대한 당신의 믿음을 나타내는 것입니다.

그 빵을 먹고, 그 잔을 마실 때, 당신은 이 언약을 승인합니다. 그것은 사랑의 언약입니다.

먼저, 그것은 예수님에 대한 당신의 충성과 사랑입니다. 둘째, 그것은 그분의 몸인 교회에 대한 당신의 충성이자 사랑입니다.

이는 서로에 대한 사랑의 고백입니다. 그것은 당신이 그들과 함께 먹고 마셨다는, 그래서 이제 그들의 짐을 감당하겠다는 고백입니다.

예수께서 그분의 성육신과 대속 가운데 그분 자신을 당신과 동일시하셨던 것처럼, 당신은 당신 자신을 상대방과 동일시했습니다,

그것이 성찬식에 대한 주님의 태도였을 것입니다.

내가 빵을 떼고 잔을 마실 때, 나는 단지 그분에 대한 나의 충성을 고백하는 것일 뿐 아니라, 나와 함께 빵을 떼고 잔을 마시고 있는 그리스도의 몸의 모든 구성원들에 대해서도 충성을 고백하는 것입니다.

내가 강하면, 나는 약한 자의 짐을 함께 집니다. 나는 그들의 연약함을 감당합니다.

성찬식은, 내가 결코 비판하지 않으며 그들의 영적인 책임과 연약함을 맡을 것임을 의미합니다.

이 시대의 시급한 필요

누군가 이 진리를 이해하는 사람들이 일어날 것입니다. 이 진리 가운데로 들어가는 사람들이 있을 것입니다.

나는 확신합니다. 이것은 마지막 때의 메시지이며, 이것은 오늘날 교회를 위한 메시지입니다.

앞에 놓인 환란의 때에, 우리는 우리가 현재 통과하며 또한 장차 통과하게 될 시험들을 견디기 위해, 하나님께서 우리에게 주실 수 있는 것과 우리에게 되실 수 있는 모든 것을 요구하게 될 것입니다.

형제 여러분, 이 피 언약의 가르침, 이 관계에 대한 가르침, 예수 이름을 사용할 이 능력, 우리의 정체성과 특권에 대한 이 놀라운 가르침은 장차 올 날을 위한 메시지입니다. 이는 우리로 어둠의 세력에 능히 맞서게 할 것입니다.

마가복음의 대 사명에서 예수께서 무언가 독특한 일을 하셨던 것을 아십니까?

그분께서 말씀하셨습니다. "내 이름으로 너희는 귀신을 쫓아낼 것이다"

나는 예전에는 이것의 중요성을 깨닫지 못했습니다. 그러나 이제는 그 의미를 압니다. 마지막 때에 귀신들의 활동은 매우 두드러지게 될 것입니다.

사탄은 자신의 날이 점점 줄어들고 있음을 알고, 이 땅에 자신의 무리들을 전부 데리고 오고 있습니다. 우리는 교회가 이전에 겪어 본 적 없는 영적 싸움의 시기를 지나게 될 것입니다.

핍박이 있을 뿐 아니라, 각 개인 안에 있는 교회의 영을 파괴하고 부수는 귀신들이 있을 것입니다.

교회는 **예수 이름으로** 어둠의 군대에 맞서는 비밀을 반드시 배워야 합니다.

피 언약

피 언약으로 인해
나는 가장 힘든 때에, 은혜의 권리를 가졌네.
피 언약으로 인해
나는 결코 그치지 않는 평강의 권리를 가졌네.

피 언약으로 인해
나는 결코 싫증나지 않는 기쁨의 권리를 가졌네.
피 언약으로 인해
나는 바로 지금 능력의 권리를 가졌네.

피 언약으로 인해
나는 나의 아버지의 부요를 통해 건강의 권리를 가졌네.
피 언약으로 인해
나는 나의 치유를 취하고, 사탄의 속박은 깨어졌네.

피 언약으로 인해
나는 지금 이 싸움에서 이길 합법적 권리를 가졌네.
피 언약으로 인해
나는 용감한 심령으로 나의 몫을 차지하네.

피 언약으로 인해
나는 예수의 능하신 이름으로 나의 권리를 주장하네.
피 언약으로 인해
지옥의 총공세에도, 나의 기도는 승리하네.

그 피로 인해
그 피의 언약으로 인해
나는 원수와 맞붙어도, 나의 권리를 주장하네.
피 언약으로 인해

E. W. 케년

믿음의말씀사 출판물

구입문의 : 031-8005-5483 http://faithbook.kr

■ **케네스 해긴의 「믿음 도서관」 책들**
- 새로운 탄생
- 재정 분야의 순종
- 나는 지옥에 갔다 왔습니다
- 하나님의 처방약
- 더 좋은 언약
- 예수의 보배로운 피
- 하나님을 탓하지 마십시오
- 네 주장을 변론하라
- 셀 모임에서 성령인도 받기
- 안수
- 치유를 유지하는 법
- 사랑은 결코 실패하지 않습니다
- 하나님께서 내게 가르쳐 주신 형통의 계시
- 왜 능력 아래 쓰러지는가?
- 다가오는 회복
- 잊어버리는 법을 배우기
- 위대한 세 단어
- 하나님의 은사와 부르심
- 그 이름은 "놀라우신 분"
- 우리에게 속한 것을 알기
- 성령을 받는 성경적인 방법
- 하나님의 영광
- 은혜 안에서의 성장을 방해하는 다섯 가지
- 사랑 가운데 걷는 법
- 바울의 계시: 화해의 복음
- 당신은 당신이 말하는 것을 가질 수 있습니다
- 그리스도 안에서
- 말
- 방언기도의 능력을 풀어 놓으라
- 옳은 사고방식 틀린 사고방식
- 속량 – 가난, 질병, 영적 죽음에서 값 주고 되사다
- 네 염려를 주께 맡겨라
- 예언을 분별하는 일곱 단계
- 절망적인 상황을 반전시키기
- 당신의 믿음을 풀어 놓는 법
- 진짜 믿음
- 믿음이란 무엇인가
- 그리스도께서 지금 하고 계시는 일
- 충분하고도 넘치는 하나님 엘 샤다이
- 금식에 관한 상식
- 하나님의 말씀 : 모든 것을 고치는 치료제
- 가족을 섬기는 법
- 조에
- 당신이 알아야 하는 신유에 관한 일곱 가지 원리
- 여성에 관한 질문들
- 인간의 세 가지 본성
- 몸의 치유와 속죄
- 크게 성장하는 믿음
- 하나님 가족의 특권
- 기도의 기술
- 나는 환상을 믿습니다
- 병을 고치는 하나님의 말씀
- 영적 성장
- 신선한 기름부음
- 믿음이 흔들리고 패배한 것 같을 때 승리를 얻는 법
- 믿음의 선한 싸움을 싸우는 법
- 하나님의 계획과 목적과 추구
- 예수 열린 문
- 믿음의 계단
- 당신을 향한 하나님의 계획
- 역사하는 기도
- 기름부음의 이해
- 내주하시는 성령 임하시는 성령
- 재정적인 번영에 대한 성경적 열쇠들
- 어떻게 하나님의 영으로 인도받을 수 있는가?
- 마이더스 터치
- 치유의 기름부음
- 그리스도의 선물
- 방언
- 믿는 자의 권세(생애기념판)
- 믿음의 양식
- 승리하는 교회

■ **E. W. 케년**
- 십자가에서 보좌까지 무슨 일이 일어났는가?
- 두 가지 의
- 놀라우신 그 이름 예수
- 하나님 아버지와 그분의 가족
- 나의 신분증
- 두 가지 생명

- 새로운 종류의 사랑
- 그분의 임재 안에서
- 속량의 관점에서 본 성경
- 두 가지 지식
- 피의 언약
- 숨은 사람
- 두 가지 믿음
- 새로운 피조물의 실재

■ 스미스 위글스워스
- 스미스 위글스워스의 천국
- 스미스 위글스워스의 매일묵상
- 위글스워스는 이렇게 했다
- 스미스 위글스워스의 능력의 비밀
- 스미스 위글스워스 –
  하나님의 능력으로 불타오른 삶

■ T. L. 오스본
- 행동하는 신자들
- 기적 – 하나님 사랑의 증거
- 새롭게 시작하는 기적 인생
- 좋은 인생
- 성경적인 치유
- 능력으로 역사하는 메시지
- 100개의 신유 진리
- 24 기도 원리 7 기도 우선순위
- 하나님의 큰 그림
- 긍정적 욕망의 힘
- 당신은 하나님의 최고의 작품입니다

■ 잔 오스틴
- 믿음의 말씀 고백기도집
- 하나님의 사랑의 흐름
- 견고한 진 무너뜨리기
- 초자연적인 흐름을 따르는 법
- 당신의 운명을 바꿀 수 있습니다
- 어떻게 하나님의 능력을 풀어놓을 수 있는가?

■ 크리스 오야킬로메
- 여기서 머물지 말라
- 이제 당신이 거듭났으니
- 당신의 인생을 재창조하라
- 이 마차에 함께 타라
- 방언기도학교 31일
- 그리스도 안에 있는 당신의 권리
- 성령님과 당신
- 성령님이 당신 안에서 행하실 일곱 가지
- 성령님이 당신을 위해 행하실 일곱 가지
- 기적을 받고 유지하는 법

- 하나님께서 당신을 방문하실 때
- 올바른 방식으로 기도하기
- 당신의 믿음을 역사하게 하는 법
- 끝없이 샘솟는 기쁨
- 기름과 겉옷
- 약속의 땅
- 하나님의 일곱 영
- 예언
- 시온의 문
- 하늘에서 온 치유
- 효과적으로 기도하는 법
- 어떤 질병도 없이
- 주제별 말씀의 실재
- 마음의 능력

■ 앤드류 워맥
- 당신은 이미 가졌습니다
- 은혜와 믿음의 균형 안에 사는 삶
- 하나님의 참된 본성
- 하나님은 당신이 건강하기 원하십니다
- 영·혼·몸
- 전쟁은 끝났습니다
- 믿는 자의 권세
- 새로운 당신과 성령님
- 노력 없이 오는 변화
- 하나님의 충만함 안에 거하는 열쇠
- 더 좋은 기도 방법 한 가지
- 재정의 청지기 직분
- 하나님을 제한하지 마라
- 하나님의 뜻을 발견하고 따라가며 성취하라
- 하나님의 참 본성
- 하나님의 최선 안에 사는 법
- 더 큰 은혜 더 큰 은총
- 리더십의 10가지 핵심요소

■ 기타 「믿음의 말씀」 설교자들
- 성령의 삶 능력의 삶
- 복을 취하는 법
- 주는 자에게 복이 되는 선물
- 믿음으로 사는 삶
- 붉은 줄의 기적
- 당신이 말한 대로 얻게 됩니다
- 예수–치유의 길 건강의 능력
- 성령 안의 내 능력
- 존 G. 레이크의 치유
- 믿음과 고백
- 임재 중심 교회
- 성령충만한 그리스도인의 지침서
- 열정과 끈기

- 제자 만들기
- 어떻게 교회를 배가하는가
- 운명
- 모든 사람을 위한 치유
- 회복된 통치권
- 그렇지 않습니다
- 당신의 자녀를 리더로 훈련하라
- 오순절 운동을 일으킨 하나님의 바람
- 지속할 수 있는 힘
- 주일 예배를 넘어서
- 신약교회를 찾아서
- 내가 올 때까지
- 매일의 불씨
- 여성의 건강한 자아상
- 왜 손을 얹으면 치유되는가?

■ **김진호 · 최순애**
- 왕과 제사장
- 새로운 피조물의 실재
- 믿음의 반석
- 믿음의 반석 학습 지침서
- 믿음의 반석 학습 지침서(영어판)

- 새 언약의 기도
- 새로운 피조물 고백기도집
- 새로운 피조물 고백기도집(큰글자)
- 새로운 피조물 고백기도집(영어판)
- 새로운 피조물 고백기도집(한영판)
- 성령 인도
- 복음의 신조
- 존중하는 삶
- 성경의 세 가지 접근
- 말씀 묵상과 고백
- 그리스도의 교리
- 영혼 구원
- 새로운 피조물의 기초
- 새로운 피조물의 기초(영어판)
- 새로운 피조물
- 믿음의 말씀 운동의 뿌리
- 1인 기업가 마인드
- 내 양을 치라
- 새사람을 입으라
- 읽으며 꿈꾸며 사랑하며